苏州市高等职业教育质量年度报告（2019）

项春雷　主编

苏州大学出版社

图书在版编目（CIP）数据

苏州市高等职业教育质量年度报告.2019/项春雷主编.—苏州：苏州大学出版社，2020.12
ISBN 978-7-5672-3437-6

Ⅰ.①苏⋯　Ⅱ.①项⋯　Ⅲ①高等职业教育—教育质量—研究报告—苏州—2019　Ⅳ.①G718.5

中国版本图书馆CIP数据核字（2020）第258002号

书　　名：	苏州市高等职业教育质量年度报告（2019） SUZHOUSHI GAODENG ZHIYE JIAOYU ZHILIANG NIANDU BAOGAO（2019）
主　　编：	项春雷
责任编辑：	王　娅
出版发行：	苏州大学出版社（Soochow University Press）
社　　址：	苏州市十梓街1号　　邮编：215006
印　　装：	苏州文星印刷有限公司
网　　址：	http://www.sudapress.com
邮　　箱：	sdcbs@suda.edu.cn
销售热线：	0512-67481020
开　　本：	700mm×1 000mm　　印　张：15.5　　字　数：194千
版　　次：	2020年12月第1版
印　　次：	2020年12月第1次印刷
书　　号：	ISBN 978-7-5672-3437-6
定　　价：	52.00元

若有印装错误，本社负责调换

苏州市高等职业教育质量年度报告（2019）编委会

主　编　项春雷

副主编　张　超

编写者　吴卫荣　刘　珽　周　军　盛立强　姜巧玲
　　　　　陶亦亦　苏霄飞　冯　瑞　易顺明　周晓刚
　　　　　刘晓林　朱　滨　钱勤元　张　涛　陈家颐
　　　　　徐　兵　吕　虹　周　蔚

策　划　苏益南　孙海泉　王应海

前 言

党的十八大以来，习近平总书记就职业教育改革发展做出了一系列重大判断，提出了一系列重要论述。2018年11月14日，习近平总书记主持中央全面深化改革委员会第五次会议，审议通过了《国家职业教育改革实施方案》（以下简称"职教20条"）。2019年1月，李克强总理正式签发"职教20条"。2019年2月，国务院印发"职教20条"。4月4日，全国深化职业教育改革电视电话会议在北京召开，李克强总理做出重要批示，孙春兰副总理出席会议并讲话。

"职教20条"开篇第一句话就指出"职业教育与普通教育是两种不同教育类型，具有同等重要地位"，明确了职业教育的定位。党和国家对职业教育重视的程度之高前所未有，推动职业教育改革发展的力度之大前所未有，中国职业教育迎来了前所未有的重大发展机遇，开启了高职教育改革发展的新纪元，职业教育的大改革、大发展进入新阶段。

2019年是落实《国家职业教育改革实施方案》的开局之年，"双高计划"正式打破身份固化，发展成为永恒的主题。对高职院校来说，机遇与挑战并存，发展的脚步不进则退。面对高职教育前所未有之大改革、大发展，高职院校唯有改革创新，以变应"变"、争取主动，才能大有作为、赶超发展。

为积极贯彻落实"职教20条"，落实国务院《关于加快发展现代职业教育的决定（国发〔2014〕19号）》和教育部《高等职业教育创新发展行动计划（2015—2018年）》文件精神，根据教育部《国家中长期教育改革和发展规划纲要（2010—2020年）》和《现代职业教育体系建设规划（2014—2020年）》文件要求，结合"江苏省教育现代化暨建设现代职业教育体系"会议内容，苏州市于2015年开始策划制订"苏州市高等职业教育质量年报"制度，至今已正式编写5部，该制度健全了"省-校"体系间的空缺，在全省乃至全国是首创之举。

报告以"高等职业院校人才培养工作状态数据采集与管理系统"平台（http://zt.gdit.edu.cn/log/login.aspx）数据为主要依据，结合苏州市17所高职院校填报的《江苏省高等职业院校人才培养工作状态数据采集平台》数据，并参考相关的第三方评价数据，从基本状况、学生发展、教育教学、政府举措、服务地方、问题与展望六个部分对苏州市高职院校人才培养的总体情况做了介绍，继而形成《苏州市高等职业教育质量年度报告（2019）》。

本报告数据来源于以下四个方面：

1. "高等职业院校人才培养工作状态数据采集与管理系统"平台中2018年和2019年数据。

2. 来自苏州各高职院校提供的《××学院2018/2019年国家单机版终稿.xlsm》《××学院高等职业教育质量年度报告（2019/2020年）》《××学院高等职业教育质量年度报告指标（2019/2020年）》等文件数据。

3. 苏州市统计局官网展示的《苏州统计年鉴-2018》和《苏州统计年鉴-2019》。全国教育工作会议相关资料，国家和省级《高等职业教育质量年报（2019）》。

4. 教育部和江苏省教育厅官网公布数据。

目 录

第一部分 基本情况 1
一、苏州高等职业教育概况 1
（一）院校数量及分布 2
（二）院校体制及类型 4
二、高职院校学生情况 6
（一）在校生规模及生源结构 6
（二）招生与录取情况 15
（三）新生报到情况 24
（四）毕业生概况 38
三、办学条件及经费 40
（一）办学核心指标分析 40
（二）办学面积及资产 42
（三）办学收入及支出 43

第二部分 学生发展 47
一、就业质量 47
（一）就业率 47
（二）毕业生去向 51
（三）毕业生流向 55
（四）就业企业结构（构成） 57
（五）就业企业规模分析 59
（六）就业规模专业排名分析 60
（七）就业专业相关度 62
（八）就业对口专业排名分析 64
（九）就业起薪分析 66
（十）产业起薪分析 68
（十一）专业大类起薪分析 69
（十二）雇主（用人单位）满意度 70
（十三）母校满意度 71
（十四）在校生各类满意度 72
二、职业发展 72
（一）应届生毕业半年后月薪 72
（二）岗位变迁 73
（三）自主创业 74
（四）毕业3年后职位晋升情况 76
三、职业素养（立德树人） 77
（一）素质育人 77
（二）思政育人 80
（三）文化育人 83
（四）实践育人 89

第三部分 教育教学 ······101
一、院校治理 ······101
（一）创新体制机制 ······101
（二）优化大学章程 ······105
（三）完善质保体系 ······106
（四）人才培养评估 ······108
（五）国家优质校建设 ······109
（六）江苏省高水平院校建设 ······109
二、专业建设 ······110
（一）基本情况 ······110
（二）专业动态调整 ······111
（三）江苏省级及以上重点特色专业 ······112
（四）江苏省级高校品牌专业验收 ······113
（五）江苏省级重点专业群验收 ······114
（六）国家级专业群——"双高计划" ······115
（七）国家级骨干专业认定 ······116
三、师资队伍 ······122
（一）专任师资队伍 ······122
（二）兼职师资队伍 ······133
（三）教学管理队伍 ······136
（四）"三教"改革——国家级创新团队 ······136
（五）江苏省高校优秀科技创新团队建设 ······137
（六）国家级师资培养培训基地认定 ······138
（七）国家级技能大师工作室认定 ······138
（八）江苏省高校"青蓝工程"培养 ······139
四、产教融合 ······145
（一）基本情况 ······145
（二）工学交替 订单培养 ······149
（三）职教集团 资源共享 ······152
（四）全国现代学徒制试点 ······155
（五）国家级"1＋X"证书试点 ······160
（六）省级产教融合集成平台建设 ······164
（七）国家级生产性实训基地认定 ······166
（八）国家级协同创新中心认定 ······167
五、信息技术应用 ······169
（一）信息化基础建设 ······169
（二）状态数据平台应用 ······170
（三）职业教育专业教学资源库创建 ······172
（四）全国高职院校教师信息化大赛 ······175
（五）全国职业院校学生技能大赛 ······176
（六）国家级共享资源精品课程创建 ······178
（七）省级共享资源精品课程创建 ······179
六、国际影响力 ······183

第四部分 政府履职 ······196
一、顶层设计 ······196

　　　　（一）健全组织架构·······196
　　　　（二）搭建共享平台·······197
　　二、政策落实·················198
　　三、专项建设·················200
　　　　（一）现代职教体系建设···200
　　　　（二）市级联盟专项工程···201
　　四、质量监测·················202
　　　　（一）质保队伍健全·······202
　　　　（二）教学质量测评·······203
　　　　（三）教学质量研究·······203
　　　　（四）培养质量监控·······204
　　　　（五）质保体系建设·······204
　　五、经费保障·················204
　　　　（一）生均财政拨款·······204
　　　　（二）专项工程拨款·······207

第五部分　服务地方···············209
　　一、服务区域人才需求·········209
　　　　（一）本地市高职人才就业情况···209
　　　　（二）本地就业专业规模分析·····209
　　二、助推社会服务·············210
　　　　（一）服务民生···········210
　　　　（二）复员军人培训·······211
　　　　（三）公益性服务·········212
　　三、服务企业·················217
　　四、服务产业·················220
　　五、提升竞争力···············224
　　六、对口帮扶·················227
　　　　（一）东西协作···········227
　　　　（二）贵州帮扶···········228

第六部分　问题与展望·············230
后记·····························231

图表索引

图 1-1	2019年江苏省13个地级市高职院校分布图	3
图 1-2	2018年苏州市高职院校分布情况	3
图 1-3	2019年苏州全市高职院校属性区分图	4
图 1-4	2017—2019年苏锡常3市报到率	37
图 1-5	苏州全市高职院校2018年和2019年毕业生情况	39
图 1-6	苏州全市高职院校2019年省属、市县属和民办3类院校资产	43
图 2-1	苏州、无锡、常州等地区2018年和2019年高职院校毕业生初次就业率	48
图 2-2	苏州、无锡、常州等地区2018年和2019年高职院校毕业生本地区就业率	49
图 2-3	苏州、无锡、常州等地区2018年和2019年高职院校毕业生就业对口率	49
图 2-4	2018年和2019年苏州高职院校毕业生就业去向占比情况	52
图 2-5	2018年和2019年江苏省部分地区高职院校毕业生就业占比情况	53
图 2-6	2018年和2019年江苏省部分地区高职院校毕业生创业占比情况	53
图 2-7	2018年和2019年江苏省部分地区高职院校毕业生专升本情况	54
图 2-8	2018年和2019年江苏省部分地区高职院校毕业生正在求职情况	54
图 2-9	2019年江苏部分地区高职院校毕业生留学/参军/其他去向情况	55
图 2-10	2018年和2019年苏州全市高职院校毕业生初次就业流向	56
图 2-11	2018年和2019年苏州全市高职院校毕业生初次直接就业企业构成占比情况	58
图 2-12	苏州、无锡、常州3市2019年高职院校应届毕业生初次直接就业企业类型情况	58
图 2-13	2018年和2019年苏州全市高职院校毕业生就业企业规模占比情况	59
图 2-14	苏州、无锡、常州3市2019届高职院校毕业生就业企业规模占比情况	60
图 2-15	2017—2019年苏州全市高职院校理工农医类毕业生就业专业相关度	62
图 2-16	2017—2019年苏州全市高职院校理工农医类毕业生就业专业相关度	63
图 2-17	2019年苏州全市高职院校毕业生就业专业大类相关度	64
图 2-18	2018年和2019年苏州全市高职院校毕业生就业产业起薪较上年增幅比例对比	68
图 2-19	2015—2019年苏州全市高职院校毕业生岗位变动情况	74
图 2-20	2017—2019年苏州全市高职院校应届毕业生半年后自主创业情况	75
图 2-21	2017—2019年苏州全市高职院校学生在省级及以上的赛事中获奖情况	90
图 3-1	苏州市高等职业教育质量年报	108
图 3-2	苏州全市高职院校重点专业、特色专业在江苏省内占比情况	112
图 3-3	苏州全市立项创建品牌专业的高职院校情况	113
图 3-4	江苏省部分地区高职院校创建品牌专业项目概况	114
图 3-5	苏州全市高职院校专业群建设项目数概况	115
图 3-6	2018年和2019年专业负责人及带头人建设情况	131
图 3-7	2017—2019年苏州全市高职院校师资队伍建设经费投入情况	132
图 3-8	2018年和2019年苏州全市高职院校师资队伍建设情况	132
图 3-9	2018年和2019年校外兼职/兼课教师规模及授课课时情况	134
图 3-10	2018年和2019年苏州全市高职院校兼职教师建设经费投入情况	134
图 3-11	2017—2019年苏州全市高职院校对口企业录用顶岗实习毕业生比例和顶岗实习对口率概况	148
图 4-1	苏州高职高专联席会议及四大联盟架构示意图	196
图 4-2	2019年苏州全市11所公办高职院校财政拨款情况	206
图 4-3	2018年和2019年苏州全市11所公办高职院校财政拨款情况	206
图 4-4	2019年苏州全市省属与市属公办高职院校财政拨款情况	207
图 4-5	2018年和2019年苏州全市17所高职院校财政拨款情况	207

目录

表 1-1	苏州全市高职院校一览表	5
表 1-2	2019 年在校生规模一览表	6
表 1-3	2018 年和 2019 年在校生规模及生源结构一览表	7
表 1-4	2018 年和 2019 年高职在校生的地区、户口所在地及民族等情况	8
表 1-5	2019 年苏州全市高职院校在校生人数位于前 10%的专业情况	8
表 1-6	2019 年苏州全市高职院校在校生总数小于 100 人的专业情况	10
表 1-7	2018 年和 2019 年苏州全市高职院校招生录取情况	16
表 1-8	2019 年苏州全市高职院校计划招生总数位于前 10%的专业	16
表 1-9	2019 年苏州全市高职院校计划招生总数小于 100 人的专业	17
表 1-10	2019 年苏州全市高职院校实际录取总数位于前 10%的专业	20
表 1-11	2019 年苏州全市高职院校实际录取总数小于 100 人的专业	21
表 1-12	2018 年和 2019 年苏州全市高职新生报到情况	25
表 1-13	2018 年和 2019 年苏州全市高职各产业专业新生报到情况	25
表 1-14	2019 年苏州全市高职院校新生实际报到总数位于前 10%的专业	26
表 1-15	2019 年苏州全市高职院校新生实际报到总数小于 100 人的专业	27
表 1-16	2019 年苏州地区生源报到总数位于前 10%的专业	31
表 1-17	2019 年苏州地区生源报到总数小于 30 人的专业	31
表 1-18	2018 年和 2019 年新生报考苏州市高职院校因素占比	38
表 1-19	2019 年苏州全市高职院校毕业生总数规模前 10 位的专业情况	39
表 1-20	2019 年苏州全市高职院校毕业生总数规模后 10%的专业情况	40
表 1-21	2019 年苏州全市高职院校办学核心指标	41
表 1-22	2017—2019 年苏州全市高职院校办学核心指标	42
表 1-23	2018 年和 2019 年苏州全市高职院校部分办学指标	43
表 1-24	2018 年和 2019 年苏州全市高职院校经费收入情况	44
表 1-25	2018 年及 2019 年苏州全市高职院校经费支出情况	45
表 1-26	2019 年苏州全市高职院校办学经费收支情况	46
表 2-1	2018 年和 2019 年苏州及周边城市高职院校毕业生就业情况	47
表 2-2	2018 年和 2019 年苏州及周边城市高职院校毕业生就业率	48
表 2-3	2019 年苏州全市高职院校毕业生年终就业率	50
表 2-4	2018 年和 2019 年苏州全市高职院校毕业生去向情况	51
表 2-5	2019 年江苏省部分地区高职院校毕业生就业去向情况	52
表 2-6	2019 年苏州、南京、无锡、常州 4 市高职院校毕业生初次就业流向	56
表 2-7	2019 年苏州、南京、无锡、常州 4 市高职院校毕业生初次就业流向比例	56
表 2-8	2018 年和 2019 年苏州全市高职院校毕业生初次直接就业企业构成情况	57
表 2-9	2018 年和 2019 年苏州全市高职院校毕业生就业企业规模情况	59
表 2-10	2019 年苏州全市高职院校就业规模前 10%的专业	60
表 2-11	2019 年苏州全市高职院校就业规模后 10%的专业	61
表 2-12	2019 年苏州全市高职院校对口就业规模前 10 位的专业	65
表 2-13	2019 年苏州全市高职院校对口就业率前 10 位的专业	65
表 2-14	2019 年苏州全市高职院校对口就业规模后 10%的专业	66
表 2-15	2018 年和 2019 年苏州、无锡、常州等地区高职院校毕业生就业专业起薪	67
表 2-16	2018 年和 2019 年苏州全市高职院校毕业生就业专业起薪均值	67
表 2-17	2018 年和 2019 年苏州全市高职毕业生就业产业起薪	68
表 2-18	2018 年和 2019 年苏州全市高职院校毕业生就业的 17 个专业大类起薪均值	69
表 2-19	2018 年和 2019 年雇主（用人单位）对苏州全市高职院校毕业生满意度	70
表 2-20	2018 年和 2019 年苏州全市高职院校毕业生对母校满意度	71
表 2-21	2018 年和 2019 年苏州全市高职院校在校生对院校的各类满意度	72

表 2-22	2018 年和 2019 年苏州全市高职院校应届生毕业半年后月薪	73
表 2-23	江苏省与苏州市 2018 年和 2019 年高职院校应届生毕业半年后月薪	73
表 2-24	2018 年和 2019 年苏州全市高职院校毕业生岗位变动情况	74
表 2-25	2018 年和 2019 年苏州全市高职院校毕业生创业情况	75
表 2-26	苏州全市高职院校 2015 届和 2016 届毕业生毕业 3 年后的职位晋升情况	76
表 2-27	2017—2019 年苏州全市高职院校毕业生价值观数据	77
表 2-28	2017—2019 年苏州全市高职院校学生工作管理人员情况	81
表 2-29	2018 年和 2019 年苏州全市高职院校社团等数据	84
表 2-30	2017—2019 年苏州全市高职院校毕业生获得的职业资格证书	90
表 3-1	苏州全市高职院校性质一览表	101
表 3-2	苏州全市高职院校在其学院网站公示大学章程的情况	105
表 3-3	在江苏省教育厅网站公示了大学章程的 8 所苏州高职院校	106
表 3-4	2017—2019 年苏州全市高职院校督导队伍	108
表 3-5	苏州全市高职院校开设专业概况	110
表 3-6	苏州全市高职院校开设专业相关产业概况	111
表 3-7	2018 年和 2019 年专业动态调整情况	111
表 3-8	2019 年苏州市高职与江苏省高职的重点专业、特色专业数量	112
表 3-9	江苏省部分地区高职院校品牌专业建设工程一期项目建设概况	113
表 3-10	江苏省"十二五"重点专业群创建专项情况	114
表 3-11	江苏省高职院校入选中国特色高水平高等职业学校和专业建设计划情况	116
表 3-12	高等职业教育创新发展行动计划（2015—2018 年）项目认定一览	117
表 3-13	2018 年和 2019 年苏州全市高职院校专任师资队伍建设情况	123
表 3-14	2018 年和 2019 年苏州全市高职院校专任教师规模变动情况	124
表 3-15	2019 年苏州全市高职院校专任教师流动情况	125
表 3-16	2018 年和 2019 年江苏省及部分地区高职院校专任教师变动情况	126
表 3-17	2019 年江苏省及部分地区高职院校专任教师流动情况	126
表 3-18	2019 年苏州全市高职院校专任教师授课情况	127
表 3-19	2018 年和 2019 年苏州全市高职院校专任教师授课情况	129
表 3-20	2019 年江苏省及部分地区高职院校专任教师授课情况	129
表 3-21	2018 年和 2019 年苏州全市高职院校专业课授课情况	130
表 3-22	2018 年和 2019 年江苏省及部分地区高职院校专业课授课情况	130
表 3-23	2019 年入选"江苏省高职院校类产业教授（兼职）选聘名单"的 24 位企业专家	135
表 3-24	2017—2019 年苏州全市高职院校专职教学管理人员总数	136
表 3-25	苏州市入选江苏省高校优秀科技创新团队的 3 所院校	137
表 3-26	苏州全市高职院校入选国家高职教育创新发展行动计划项目名单	138
表 3-27	苏州全市高职院校入选国家高职教育创新发展行动计划项目名单	138
表 3-28	苏州全市高职院校获选 2019 年江苏高校"青蓝工程"中青年学术带头人培养对象名单	139
表 3-29	苏州全市高职院校获评 2019 年江苏高校"青蓝工程"优秀青年骨干教师培养对象名单	140
表 3-30	苏州全市高职院校获评 2019 年江苏高校"青蓝工程"优秀教学团队培养对象名单	141
表 3-31	2018 年和 2019 年苏州全市高职院校参与合作概况	146
表 3-32	2018 年和 2019 年苏州全市高职院校参与校外实训基地等项目建设情况	147
表 3-33	2018 年和 2019 年苏州全市高职院校学生（含应届毕业生）顶岗实习情况	147
表 3-34	2018 年和 2019 年苏州全市高职院校校企合作开发课程和教材情况	148
表 3-35	2018 年和 2019 年苏州全市高职院校产教融合培养规模	149
表 3-36	2018 年和 2019 年苏州全市高职院校订单培养学生数	150
表 3-37	2018 年和 2019 年苏州全市高职院校订单培养班级数	151
表 3-38	苏州全市高职院校牵头组建的全国性职教集团	153

表号	标题	页码
表 3-39	全国现代学徒制试点单位	156
表 3-40	2019 年苏州全市高职院校开展现代学徒制培养情况	157
表 3-41	苏州全市首批"1＋X"证书制度试点院校	161
表 3-42	苏州全市第二批"1＋X"证书制度试点院校	162
表 3-43	苏州全市高职院校入选江苏省高等职业教育产教融合集成平台立项/培育项目	165
表 3-44	苏州全市高职院校中国家级生产性实训基地	167
表 3-45	苏州全市高职院校中国家级协同创新中心	168
表 3-46	苏州全市高职院校信息化基础状况	169
表 3-47	2017—2019 年国家级职业教育专业教学资源库立项情况	172
表 3-48	苏州市 6 所高职院校建设的国家资源库情况	173
表 3-49	2017—2019 年苏州全市高职院校获得全国职业院校技能大赛教学能力比赛奖项情况	175
表 3-50	2017—2019 年苏州全市高职院校教师获奖情况	175
表 3-51	2017—2019 年苏州全市高职院校获得全国职业院校技能大赛奖项概况	176
表 3-52	2017—2019 年苏州全市高职院校获得全国职业院校技能大赛奖项明细	176
表 3-53	2016—2019 年苏州全市高职院校国家精品资源共享课立项建设情况	178
表 3-54	苏州全市 17 所高职院校入围江苏省高校在线开放课程立项建设名单	179
表 3-55	2018 年和 2019 年苏州全市高职院校国际影响力	183
表 4-1	2019 年苏州市现代职教体系试点项目情况	201
表 4-2	2019 年苏州市现代职教体系试点项目在江苏全省占比情况	201
表 4-3	2019 年苏州高职高专联席会议四个联盟工作汇总	202
表 4-4	2017—2019 年苏州市高职院校质量督导队伍	202
表 4-5	2017—2019 年苏州全市高职院校教学测评	203
表 4-6	2017—2019 年苏州全市高职院校专职研究队伍情况	203
表 4-7	苏州全市 17 所高职院校各指标平均值一览	205
表 4-8	苏州全市 11 所公办高职院校指标平均值一览	205
表 4-9	2015—2019 年苏州市财政专项拨款情况	208
表 5-1	2018 年和 2019 年苏州全市高职院校服务民生一览	210
表 5-2	2018 年和 2019 年苏州全市高职高专院校复员军人等培训情况	211
表 5-3	2018 年和 2019 年苏州全市高职高专院校公益性服务一览	213
表 5-4	2018 年和 2019 年苏州全市高职高专院校毕业生就业去向	217
表 5-5	2018 年和 2019 年苏州全市高职院校企业服务到账经费情况	218
表 5-6	2017—2019 年苏州全市高职院校专业服务产业动态调整情况	221
表 5-7	2018 年和 2019 年苏州全市高职院校在校生就读专业所属产业情况	221
表 5-8	2019 年苏州全市高职院校应届毕业生就业产业情况	222
表 5-9	2018 年和 2019 年苏州全市高职院校新生报到情况	224
表 5-10	2018 年和 2019 年苏州全市高职新生报到产业相关情况	224
表 5-11	苏州等五市东西协作对口帮扶情况	227
表 5-12	苏州市对口帮扶贵州项目一览	228

第一部分 基本情况

一、苏州高等职业教育概况

职业教育是对接经济社会发展最紧密的教育类型，是培养、输送技术技能人才的前沿阵地。习近平总书记指出，"职业教育肩负着培养多样化人才、传承技术技能、促进就业创业的重要职责，必须高度重视、加快发展"，为职业教育发展指明了方向，提供了根本宗旨。苏州作为长三角重要的经济中心，经济总量排名全国第7，工业体量排名全国第2，仅次于上海，连续多年入围福布斯创新力最强城市前三名，具有雄厚的传统产业基础和总量庞大的开放型产业体系。

苏州产业经济的繁荣史，就是一部职业教育的发展史。苏州职业教育发展起步早、规模大、种类多、布局齐、结构优、就业好、专业全。20世纪90年代起，苏州按照"职教挂钩开发区、专业对接产业园"的基本思路，发展与区域经济发展紧贴型的职教体系。2002年，针对苏州经济社会发展的特点，苏州在全省率先调整职业院校布局，优化专业结构。经过布局大调整，职业院校向开发区集聚，向品牌企业靠拢，实现了职业院校的规模化和品牌化发展。目前，苏州有高职院校17所、中职学校25所、技工学校13所，其中，国家级示范高职院1所，国家级骨干高职院1所，省级示范高职院7所，省级高水平高职院3所，国家级示范中职校6所，省级高水平示范中职校15所。

与布局调整同期进行的是全国首个职业教育聚集发展基地——苏

州国际教育园的规划建设。2009年,这个定位为"以高职教育为主,高素质、应用型人才培养基地"的苏州国际教育园的建成,开启了苏州职业教育开放共享的发展新模式。

苏州职业教育的快速发展来自政府的强力推动。在许多地区还在为职业教育"缺钱少粮"发愁时,苏州不断加大对职业教育的投入,2018—2019年生均财政拨款超过了2万元。

近年来,苏州先后出台了《关于加快发展全市现代职业教育的实施意见》《关于进一步加强高技能人才队伍建设的意见》《苏州市职业技能提升行动计划实施意见》等文件,完善了职业教育发展的顶层设计,明确了发展目标和实现途径,构建了高技能人才激励机制。

(一)院校数量及分布

1. 院校数量

2019年,苏州全市经教育部备案的独立设置的高等职业院校共17所,约占江苏省高等职业院校的1/5(江苏省高职院校共有90所),仅次于南京(18所),高于苏南地区地级市的平均高职院校数(11所),远高于苏中和苏北地区地级市的平均高职院校数(分别为5所、4所)。图1-1是2019年江苏省13个地级市高职院校分布图。

单位：个

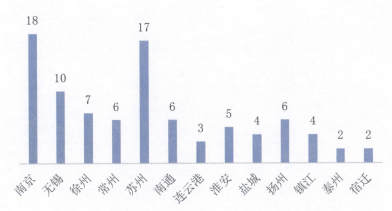

图 1-1 2019 年江苏省 13 个地级市高职院校分布图

2. 区域分布

苏州 17 所高职院校已覆盖大市 90%以上的行政区域。除常熟市外，苏州大市各区和县级市均有 1 所以上的高职院校，其中吴中区有 4 所，工业园区和昆山市各有 3 所，高新（虎丘）区有 2 所，其他 5 个地区各有 1 所，如图 1-2 所示。

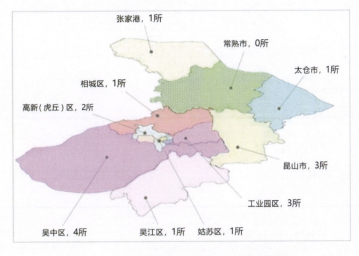

图 1-2 2018 年苏州市高职院校分布情况

（二）院校体制及类型

在苏州全市 17 所高职院校中，公办院校 11 所（其中省属 4 所、市县属 7 所），民办院校 6 所（含中外合作办学的苏州百年职业学院），如图 1-3 所示。

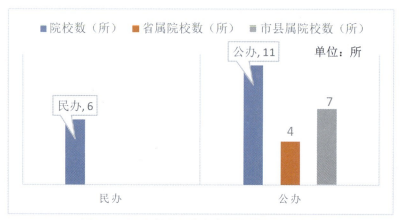

图 1-3 2019 年苏州全市高职院校属性区分图

按对应行业划分，苏州全市 17 所高职院校中理工类共 11 所，占比 64.7%，农业类、财经类、医药类、艺术类、师范类、综合类各 1 所。

在苏州全市高职院校中，有 53%的院校是省级及以上示范/骨干院校（共 9 所），其中，国家级示范院校 1 所、国家级骨干院校 1 所、省级示范院校 7 所，另外，3 所高职院校在全国"双高"计划中入围 2B1C 中国特色高水平专业群建设单位[①]（教职成函〔2019〕14 号），详见表 1-1。

[①] 教职成函〔2019〕14 号，教育部、财政部公布《中国特色高水平高职学校和专业建设计划建设单位名单》，http://www.moe.gov.cn/srcsite/A07/moe_737/s3876_qt/201912/t20191213_411947.html。

表 1-1 苏州全市高职院校一览表

学校名称	举办者或主管部门	学校类别	性质	所属地区	学校荣誉
苏州工艺美术职业技术学院	江苏省教育厅	11 艺术	公办	吴中区	国骨干、国双高
苏州农业职业技术学院	江苏省农业农村厅	03 农业	公办	姑苏区	国优质、国双高
苏州经贸职业技术学院	江苏省教育厅	08 财经	公办	吴中区	省示范
苏州卫生职业技术学院	江苏省卫健委	05 医药	公办	高新区	省示范
苏州市职业大学	苏州市政府	02 理工	公办	吴中区	—
苏州工业职业技术学院	苏州市政府	02 理工	公办	吴中区	国双高、省示范
苏州工业园区服务外包职业学院	苏州工业园区管委会	01 综合	公办	工业园区	省示范
沙洲职业工学院	张家港市政府	02 理工	公办	张家港市	—
太仓健雄职业技术学院	太仓市政府	02 理工	公办	太仓市	省示范
苏州信息职业技术学院	吴江区政府	02 理工	公办	吴江区	—
苏州幼儿师范高等专科学校	苏州市教育局	06 师范	公办	相城区	—
苏州工业园区职业技术学院	江苏省教育厅	02 理工	民办	工业园区	国示范
硅湖职业技术学院	江苏省教育厅	02 理工	民办	昆山市	—
昆山登云科技职业学院	江苏省教育厅	02 理工	民办	昆山市	省示范
苏州高博软件技术职业学院	江苏省教育厅	02 理工	民办	高新区	—
苏州百年职业学院	江苏省教育厅	02 理工	中外合作	工业园区	—
苏州托普信息职业技术学院	江苏省教育厅	02 理工	民办	昆山市	—

二、高职院校学生情况

（一）在校生规模及生源结构

1.在校生规模

2019 年，苏州全市高职院校全日制普通高职学历教育在校生总数 10.35 万人，较 2018 年同期增加了 4 200 余人。其中第一产业相关专业在校生约占在校生总数的 2.25%，第二产业相关专业在校生约占在校生总数的 23.43%，第三产业相关专业在校生约占在校生总数的 74.33%，详见表 1-2。

表 1-2 2019 年在校生规模一览表

序号	专业类别代码	专业类别名称	所属产业	开设院校数/所	开设专业（方向）数/个	在校生数/人
1	51	农林牧渔大类	一产	2	18	2 326
2	52	资源环境与安全大类	三产	2	4	323
3	53	能源动力与材料大类	二产	—	—	—
4	54	土木建筑大类	二产	13	41	5 237
5	55	水利大类	一产	—	—	—
6	56	装备制造大类	二产	13	116	16 261
7	57	生物与化工大类	二产	4	8	662
8	58	轻工纺织大类	二产	4	9	724
9	59	食品药品与粮食大类	二产	6	9	1 385
10	60	交通运输大类	三产	7	25	3 152
11	61	电子信息大类	三产	14	133	17 735
12	62	医药卫生大类	三产	2	16	9 761

(续表)

序号	专业类别代码	专业类别名称	所属产业	开设院校数/所	开设专业（方向）数/个	在校生数/人
13	63	财经商贸大类	三产	15	136	23 828
14	64	旅游大类	三产	14	31	3 290
15	65	文化艺术大类	三产	15	84	11 377
16	66	新闻传播大类	三产	6	8	645
17	67	教育与体育大类	三产	12	36	5 255
18	68	公安与司法大类	三产	2	2	293
19	69	公共管理与服务大类	三产	8	12	1 331

2. 生源结构

2019年全日制普通高职学历教育在校生中，普通高中起点约7.17万人，与2018年基本持平（7.25万人）；中职起点约3.09万人，较2018年度同期增加了约0.4万人。中职学生占全日制普通高职学历教育在校生总数的28.22%，较2018年同期上升了1.62个百分点，详见表1-3。

表1-3 2018年和2019年在校生规模及生源结构一览表

全日制高职在校生生源结构	2018年	2019年	增量/人
总数	101 042	109 358	4 289
普高起点	72 467	71 667	-800
中职起点	26 878	30 860	3 982
五年制后二年	1 649	2 235	586
其他	48	4 596	4 548

3. 在校学生的地区、户口所在地及民族等情况

2019年，苏州全市高职院校在校学生近三分之二来源于农村，表1-4是高职在校生的地区、户口所在地及民族等情况。

表1-4 2018年和2019年高职在校生的地区、户口所在地及民族等情况

地区、户口等	2018年	2019年	增量
西部地区人数/人	5 464	8 611	3 147
西部地区比例/%	5.50	8.31	2.81
常住户口所在地为农村人数/人	66 903	67 894	991
常住户口所在地为农村比例/%	67.38	65.54	-1.84
贫困地区人数/人	2 938	4 964	2 026
贫困地区比例/%	2.96	4.79	1.83
少数民族人数/人	1 644	2 522	878
少数民族比例/%	1.66	2.43	0.77

4. 在校生专业细分分析

2019年，苏州全市高职院校在校生人数排在前三的专业是会计、机电一体化技术和护理。表1-5是2019年苏州全市高职院校在校生人数位于前10%的专业情况，表1-6是2019年全市高职院校在校生总数小于100人的专业情况。

表1-5 2019年苏州全市高职院校在校生人数位于前10%的专业情况

专业（方向）名称	学生人数/人	开设院校数/所
会计	5 405	13
机电一体化技术	3 978	13
护理	3 381	1
电子商务	3 108	12
软件技术	2 998	10
计算机网络技术	2 559	12

（续表）

专业（方向）名称	学生人数/人	开设院校数/所
市场营销	2 429	12
环境艺术设计	2 210	11
物流管理	2 087	12
计算机应用技术	2 057	11
药学	1 697	1
汽车检测与维修技术	1 679	5
机械制造与自动化	1 602	5
建筑室内设计	1 530	6
电气自动化技术	1 383	10
商务英语	1 277	8
旅游管理	1 261	11
财务管理	1 172	5
电子信息工程技术	1 106	7
室内艺术设计	1 019	4
工程造价	1 011	7
数字媒体艺术设计	1 007	7
视觉传播设计与制作	999	5
数控技术	998	7
酒店管理	936	9
动漫制作技术	890	6
工业机器人技术	889	8
学前教育（五年一贯制）	858	1
服装与服饰设计	849	5
物联网应用技术	847	6
移动互联应用技术	827	7
建筑工程技术	815	5

表1-6 2019年苏州全市高职院校在校生总数小于100人的专业情况

专业（方向）名称	学生人数/人	开设院校数/所
环境监测与控制技术	97	1
苏大接本	96	1
学前教育（中外合作）	96	1
建筑智能化工程技术	95	2
模具设计与制造（中高职衔接）	95	1
云计算技术与应用	94	1
应用电子技术（极客营班）	93	1
模具设计与制造（复合）	91	1
网络新闻与传播	91	1
园林技术（中职转段）	91	1
电子商务（复合）	90	1
行车组织（2016）	90	1
机电一体化技术（中德）	90	1
客运组织（2016）	90	1
模具设计与制造（单招）	90	1
老年服务与管理	89	1
体育教育	88	1
机电一体化技术(农业机电应用)（五年一贯制）	87	1
视觉传播设计与制作（对口）	87	1
药品生物技术（专本分段培养）	87	1
会计（"3+3"）	86	1
染整技术	86	1
少儿方向	86	1
无人机应用技术	83	3

(续表)

专业（方向）名称	学生人数/人	开设院校数/所
现代农业技术（昆山班）	83	1
会计（海外本科直通车）	82	1
数控设备应用与维护（单招）	82	1
园艺技术（"3+2"专本连读）	80	1
国际贸易实务（海外本科直通车）	79	1
机电一体化技术（专本衔接）	79	1
数字媒体艺术设计（高职本科分段培养）	79	1
应用电子技术（单招）	79	1
首饰设计与工艺	78	1
机电一体化技术（中外合作）	77	1
旅游英语	77	2
电信服务与管理	76	1
刺绣设计与工艺	75	1
国际商务（中外合作）	73	1
卫生检验与检疫技术	72	1
计算机信息管理（中高职衔接）	71	1
药品生物技术（"3+2"专本连读）	71	1
微电子技术（嵌入式培养）	69	1
旅游管理（复合）	68	1
音乐表演	68	1
园艺技术（五年一贯制）	63	1
电子工艺与管理	60	1
数控设备应用与维护（复合）	59	1
城市轨道交通通信信号技术	58	1

（续表）

专业（方向）名称	学生人数/人	开设院校数/所
软件与信息服务	58	1
商务英语（航空服务）	56	1
服装表演	55	1
软件技术（中外合作）	54	1
计算机应用技术（"3+3"转段）	53	1
旅游管理（单招）	53	1
物联网应用技术（农业物联网）（五年一贯制）	53	1
证券与期货	52	1
电子商务（高职本科分段培养）	51	1
建设工程监理	51	3
金融管理（海外本科直通车）	51	1
酒店管理（中高职衔接）	51	1
皮具艺术设计	51	1
电子信息工程技术（单招）	48	1
民族美术	48	1
休闲农业	47	1
会计（高职、本科分段培养）	46	1
休闲农业（对口单招）	45	1
应用日语	45	2
机械制造与自动化（单招）	44	1
园艺技术（专本分段培养）	44	1
社区管理与服务（"3+2"专本连读）	43	1
现代纺织技术	42	1
道路桥梁工程技术	41	1

（续表）

专业（方向）名称	学生人数/人	开设院校数/所
市场营销（单招）	41	1
应用电子技术（嵌入式培养）	41	1
数控技术（单招）	40	1
茶艺与茶叶营销	39	1
电子信息工程技术（对口）	39	1
计算机网络技术(对口)	39	1
电子测量技术与仪器	38	1
电子商务（单招）	36	1
机电一体化技术（舍弗勒）	35	1
模具设计与制造（"3+3"）	34	1
旅游管理（五年一贯制）	33	1
室内环境检测与控制技术	32	1
电子商务（海外本科直通车）	31	1
现代农业技术（常熟班）	31	1
苏绣设计与制作	25	1
休闲体育	25	1
生态农业技术（扬州班）	24	1
食品营养与卫生	22	1
水产养殖技术	22	1
汽车营销与服务（复合）	21	1
机电一体化技术（中外合作）	17	1
机电一体化技术（应用本科）	15	1
药品生产技术（"3+2"本科）	15	1
汽车制造与装配技术	14	1

（续表）

专业（方向）名称	学生人数/人	开设院校数/所
农业设施与装备	14	1
数控技术(中德)	14	1
Business-Accounting	13	1
International Business	13	1
环境艺术设计（中外合作）	13	1
社区康复	13	1
Financial Services	12	1
机电一体化技术（定向培养）	12	1
新能源汽车技术	12	2
Hotel Operations Management	11	1
Software Engineering Technician	11	1
应用电子技术（专本衔接）	11	1
嵌入式技术与应用（中外合作）	10	1
商务管理（中外合作）	10	1
新能源汽车运用与维修	10	1
电信服务与管理（嵌入式培养）	7	1
社区管理与服务	6	1
计算机网络技术（嵌入式培养）	5	1
汽车工程技术	4	1
中控	4	1
电子产品营销与服务	1	1
电子竞技运动与管理	1	2
乘务与旅游（2015）	0	1
电梯与信号（2015）	0	1

（续表）

专业（方向）名称	学生人数/人	开设院校数/所
雕刻艺术和工艺	0	1
工程监理	0	1
工业分析技术（中高职衔接）	0	1
工业网络技术	0	1
国际经济与贸易（中外合作）	0	1
环境艺术设计（中高职衔接）	0	1
家用纺织品设计	0	1
冷链物流技术与管理	0	1
汽车车身维修技术	0	1
数控技术（中高职衔接）	0	1
新能源装备技术	0	1
影视广告	0	1
应用艺术设计	0	1
站务与酒店（2015）	0	1
装潢艺术设计	0	1
装饰艺术设计	0	1

（二）招生与录取情况

1. 总体情况

2019 年，苏州全市 17 所高职院校计划招生 44 519 人，涉及 17 个专业大类、169 个专业、252 个专业方向，2019 年实际录取 39 855 人、录取率为 89.52%。表 1-7 是 2018 年和 2019 年苏州全市高职院校招生录取情况。

表 1-7 2018 年和 2019 年苏州全市高职院校招生录取情况

招生录取情况	2018 年	2019 年	增量
招生院校/所	17	17	0
招生专业/个	165	169	4
招生专业方向/个	229	253	24
计划招生人数/人	42 983	44 519	1 536
实际录取人数/人	37 010	39 855	2 845
实际录取比例/%	86.10	89.52	3.42

2. 计划招生专业分析

2019 年，苏州全市高职院校计划招生位于前三的专业是会计、机电一体化技术和电子商务。表 1-8 是 2019 年全市高职院校计划招生总数位于前 10%的专业，表 1-9 是 2019 年苏州全市高职院校计划招生总数小于 100 人的专业。

表 1-8 2019 年苏州全市高职院校计划招生总数位于前 10%的专业

专业名称	计划招生数/人	录取数/人	报到数/人	招生院校数/所
会计	2 370	2 198	2 077	13
机电一体化技术	2 177	1 985	1 848	12
电子商务	1 448	1 359	1 268	11
计算机应用技术	1 314	1 246	1 161	9
软件技术	1 283	1 280	1 213	10
护理	1 121	1 121	1 092	1
计算机网络技术	1 112	1 070	1 008	11
市场营销	1 099	948	879	12
旅游管理	1 048	876	803	9
物流管理	1 011	857	750	12

（续表）

专业名称	计划招生数/人	录取数/人	报到数/人	招生院校数/所
环境艺术设计	899	847	787	11
城市轨道交通运营管理	895	818	871	6
机械制造与自动化	740	714	565	5
电子信息工程技术	732	612	568	7
电气自动化技术	686	610	579	10
数控技术	663	630	581	5

表1-9　2019年苏州全市高职院校计划招生总数小于100人的专业

专业名称	计划招生数/人	录取数/人	报到数/人	招生院校数/所
大数据技术与应用	98	92	82	2
国际金融	98	63	56	1
微电子技术	97	83	74	2
自动化生产设备应用	95	93	86	2
医学营养	94	94	88	1
工艺美术品设计	93	93	83	2
美术	93	93	87	2
食品加工技术	92	79	77	1
医学生物技术	91	91	80	2
网络新闻与传播	90	94	91	1
展示艺术设计	87	87	80	1
资产评估与管理	85	61	58	2
国际商务	84	58	57	2
应用日语	83	32	24	2

（续表）

专业名称	计划招生数/人	录取数/人	报到数/人	招生院校数/所
电子商务技术	82	82	77	1
互联网金融	80	40	37	1
口腔医学	80	80	79	1
表演艺术	70	70	67	1
环境监测与控制技术	70	70	67	1
食品质量与安全	68	51	46	1
现代纺织技术	67	51	46	2
口腔医学技术	65	65	63	1
社区康复	64	12	12	1
雕刻艺术设计	61	59	55	2
法律文秘	60	60	58	1
环境工程技术	60	60	57	1
家具艺术设计	58	58	55	1
摄影与摄像艺术	58	58	56	1
游戏设计	58	58	54	1
城市轨道交通通信信号技术	53	55	49	1
法律事务	50	50	50	1
房地产经营与管理	50	50	39	1
行政管理	50	50	48	1
投资与理财	50	49	45	1
应用德语	50	43	41	1
制冷与空调技术	50	43	37	1
工业设计	47	8	7	1
移动通信技术	47	37	34	1

（续表）

专业名称	计划招生数/人	录取数/人	报到数/人	招生院校数/所
设施农业与装备	46	18	15	1
电子产品营销与服务	45	12	12	1
云计算技术与应用	45	52	45	1
老年服务与管理	41	17	14	1
茶艺与茶叶营销	40	8	6	1
电信服务与管理	40	19	17	1
电子竞技运动与管理	40	10	1	1
工业分析技术	40	40	35	1
软件与信息服务	40	17	15	1
商检技术	40	38	36	1
卫生检验与检疫技术	40	40	40	1
新能源汽车运用与维修	40	14	10	1
休闲体育	40	28	28	1
休闲农业	37	37	37	2
卫生信息管理	36	36	33	1
染整技术	35	31	28	1
体育教育	35	35	31	1
音乐教育	35	35	35	1
早期教育	35	34	34	1
新能源汽车技术	34	34	26	1
刺绣设计与工艺	30	30	28	1
音乐表演	30	30	26	1
民族美术	29	29	25	1
皮具艺术设计	29	29	26	1

（续表）

专业名称	计划招生数/人	录取数/人	报到数/人	招生院校数/所
首饰设计与工艺	29	29	24	1
陶瓷设计与工艺	29	29	29	1
服装表演	28	28	25	1
道路桥梁工程技术	27	18	16	1
汽车车身维修技术	26	4	2	1
家用纺织品设计	14	4	4	1

3. 实际录取专业分析

2019 年，苏州全市高职院校录取人数最多的三个专业是会计、机电一体化技术和电子商务。表 1-10 是 2019 年苏州全市高职院校实际录取总数位于前 10%的专业，表 1-11 是 2019 年苏州全市高职院校实际录取总数小于 100 人的专业。

表 1-10　2019 年苏州全市高职院校实际录取总数位于前 10%的专业

专业名称	计划招生数/人	录取数/人	报到数/人	招生院校数/所
会计	2 370	2 198	2 077	13
机电一体化技术	2 177	1 985	1 848	12
电子商务	1 448	1 359	1 268	11
软件技术	1 283	1 280	1 213	10
计算机应用技术	1 314	1 246	1 161	9
护理	1 121	1 121	1 092	1
计算机网络技术	1 112	1 070	1 008	11
市场营销	1 099	948	879	12
旅游管理	1 048	876	803	9

(续表)

专业名称	计划招生数/人	录取数/人	报到数/人	招生院校数/所
物流管理	1 011	857	750	12
环境艺术设计	899	847	787	11
城市轨道交通运营管理	895	818	871	6
机械制造与自动化	740	714	565	5
汽车检测与维修技术	656	636	535	5
数控技术	663	630	581	6
药学	630	630	617	1

表1-11 2019年苏州全市高职院校实际录取总数小于100人的专业

专业名称	计划招生数/人	录取数/人	报到数/人	招生院校数/所
数字媒体应用技术	103	99	118	2
汽车营销与服务	160	97	89	4
汽车制造与装配技术	157	96	83	2
医学营养	94	94	88	1
网络新闻与传播	90	94	91	1
无人机应用技术	178	93	79	3
自动化生产设备应用	95	93	86	2
工艺美术品设计	93	93	83	2
美术	93	93	87	2
大数据技术与应用	98	92	82	2
医学生物技术	91	91	80	2
展示艺术设计	87	87	80	1
物业管理	120	84	82	2
微电子技术	97	83	74	2

(续表)

专业名称	计划招生数/人	录取数/人	报到数/人	招生院校数/所
电子商务技术	82	82	77	1
药品经营与管理	107	80	76	1
口腔医学	80	80	79	1
食品加工技术	92	79	77	1
建筑智能化工程技术	112	75	67	2
数控设备应用与维护	129	74	67	3
表演艺术	70	70	67	1
环境监测与控制技术	70	70	67	1
口腔医学技术	65	65	63	1
国际金融	98	63	56	1
资产评估与管理	85	61	58	2
建筑设计	144	60	63	2
法律文秘	60	60	58	1
环境工程技术	60	60	57	1
雕刻艺术设计	61	59	55	2
国际商务	84	58	57	2
家具艺术设计	58	58	55	1
摄影与摄像艺术	58	58	56	1
游戏设计	58	58	54	1
城市轨道交通通信信号技术	53	55	49	1
云计算技术与应用	45	52	45	1
食品质量与安全	68	51	46	1
现代纺织技术	67	51	46	2
法律事务	50	50	50	1

（续表）

专业名称	计划招生数/人	录取数/人	报到数/人	招生院校数/所
房地产经营与管理	50	50	39	1
行政管理	50	50	48	1
投资与理财	50	49	45	1
应用德语	50	43	41	1
制冷与空调技术	50	43	37	1
互联网金融	80	40	37	1
工业分析技术	40	40	35	1
卫生检验与检疫技术	40	40	40	1
商检技术	40	38	36	1
移动通信技术	47	37	34	1
休闲农业	37	37	37	2
卫生信息管理	36	36	33	1
体育教育	35	35	31	1
音乐教育	35	35	35	1
早期教育	35	34	34	1
新能源汽车技术	34	34	26	1
应用日语	83	32	24	2
染整技术	35	31	28	1
刺绣设计与工艺	30	30	28	1
音乐表演	30	30	26	1
民族美术	29	29	25	1
皮具艺术设计	29	29	26	1
首饰设计与工艺	29	29	24	1
陶瓷设计与工艺	29	29	29	1

（续表）

专业名称	计划招生数/人	录取数/人	报到数/人	招生院校数/所
休闲体育	40	28	28	1
服装表演	28	28	25	1
电信服务与管理	40	19	17	1
设施农业与装备	46	18	15	1
道路桥梁工程技术	27	18	16	1
老年服务与管理	41	17	14	1
软件与信息服务	40	17	15	1
新能源汽车运用与维修	40	14	10	1
社区康复	64	12	12	1
电子产品营销与服务	45	12	12	1
电子竞技运动与管理	40	10	1	1
工业设计	47	8	7	1
茶艺与茶叶营销	40	8	6	1
汽车车身维修技术	26	4	2	1
家用纺织品设计	14	4	4	1

（三）新生报到情况

1.总体情况

2019 年，苏州全市 17 所高职院校实际报到新生 36 985 人，实际报到率 92.8%，其中苏州市本地区报到 7 041 人，占比 19.04%。表 1-12 是 2018 年和 2019 年苏州全市高职新生报到情况，表 1-13 是 2018 年和 2019 年苏州全市高职各产业专业新生报到情况。

表 1-12 2018 年和 2019 年苏州全市高职新生报到情况

新生报到	2018 年	2019 年
实际报到人数/人	34 479	36 985
实际报到比例/%	93.16	92.80
本地市报到人数/人	6 294	7 041
本地市报到比例/%	18.25	19.04
本省市报到人数/人	25 944	27 053
本省市报到比例/%	75.25	73.15

表 1-13 2018 年和 2019 年苏州全市高职各产业专业新生报到情况

新生报到产业相关	2018 年		2019 年	
	报到数/人	报到率/%	报到数/人	报到率/%
一产	616	93.45	790	93.82
二产	8 157	92.22	8 776	90.49
三产	25 706	93.90	27 419	93.53
合计	34 479	93.16	36 985	92.80

2. 新生报到专业分析

2019 年，苏州全市高职院校报到总数位于前三的专业是会计、机电一体化技术和电子商务。表 1-14 是 2019 年苏州全市高职院校新生实际报到总数位于前 10%的专业，表 1-15 是 2019 年苏州全市高职院校新生实际报到总数小于 100 人的专业。

表 1-14　2019 年苏州全市高职院校新生实际报到总数位于前 10%的专业

专业名称	报到数/人	本地报到数/人	招生院校数/所
会计	2 077	562	13
机电一体化技术	1 848	546	12
电子商务	1 268	168	11
软件技术	1 213	159	10
计算机应用技术	1 161	268	9
护理	1 092	23	1
计算机网络技术	1 008	176	11
市场营销	879	155	12
城市轨道交通运营管理	871	555	6
旅游管理	803	157	9
环境艺术设计	787	144	11
物流管理	750	244	12
药学	617	33	1
数控技术	581	207	6
电气自动化技术	579	161	10
电子信息工程技术	568	201	7

表 1-15　2019 年苏州全市高职院校新生实际报到总数小于 100 人的专业

专业名称	报到数/人	本地报到数/人	招生院校数/所
数字出版	98	73	1
风景园林设计	98	5	1
公共艺术设计	98	5	2
园林工程技术	92	5	1
网络新闻与传播	91	2	1
机械设计与制造	89	19	2
汽车营销与服务	89	9	4
纺织品检验与贸易	88	15	2
医学营养	88	5	1
美术	87	8	2
自动化生产设备应用	86	0	2
汽车制造与装配技术	83	17	2
工艺美术品设计	83	2	2
物业管理	82	9	2
大数据技术与应用	82	2	2
展示艺术设计	80	2	1
医学生物技术	80	1	2
无人机应用技术	79	9	3
口腔医学	79	9	1
食品加工技术	77	4	1
电子商务技术	77	2	1
药品经营与管理	76	5	1
微电子技术	74	42	2
数控设备应用与维护	67	5	3

(续表)

专业名称	报到数/人	本地报到数/人	招生院校数/所
环境监测与控制技术	67	2	1
建筑智能化工程技术	67	1	2
表演艺术	67	0	1
建筑设计	63	13	2
口腔医学技术	63	7	1
资产评估与管理	58	6	2
法律文秘	58	1	1
国际商务	57	7	2
环境工程技术	57	2	1
国际金融	56	5	1
摄影与摄像艺术	56	2	1
雕刻艺术设计	55	2	2
家具艺术设计	55	0	1
游戏设计	54	1	1
法律事务	50	6	1
城市轨道交通通信信号技术	49	21	1
行政管理	48	3	1
食品质量与安全	46	4	1
现代纺织技术	46	0	2
云计算技术与应用	45	3	1
投资与理财	45	1	1
应用德语	41	7	1
卫生检验与检疫技术	40	9	1
房地产经营与管理	39	3	1

（续表）

专业名称	报到数/人	本地报到数/人	招生院校数/所
互联网金融	37	20	1
休闲农业	37	1	2
制冷与空调技术	37	0	1
商检技术	36	0	1
音乐教育	35	10	1
工业分析技术	35	0	1
早期教育	34	9	1
移动通信技术	34	0	1
卫生信息管理	33	0	1
体育教育	31	2	1
陶瓷设计与工艺	29	0	1
染整技术	28	1	1
刺绣设计与工艺	28	0	1
休闲体育	28	0	1
新能源汽车技术	26	3	1
音乐表演	26	0	1
皮具艺术设计	26	0	1
民族美术	25	0	1
服装表演	25	0	1
应用日语	24	1	2
首饰设计与工艺	24	0	1
电信服务与管理	17	1	1
道路桥梁工程技术	16	1	1
设施农业与装备	15	1	1

（续表）

专业名称	报到数/人	本地报到数/人	招生院校数/所
软件与信息服务	15	0	1
老年服务与管理	14	0	1
社区康复	12	5	1
电子产品营销与服务	12	0	1
新能源汽车运用与维修	10	0	1
工业设计	7	0	1
茶艺与茶叶营销	6	0	1
家用纺织品设计	4	1	1
汽车车身维修技术	2	0	1
电子竞技运动与管理	1	0	1

3.区域生源分析

2019年，苏州全市高职院校面向全国招生，江苏省内生源占四分之三以上比例（76.83%），江苏省内实际报到人数约2.84万人，较2018年同期增加了2 500余人。其中，苏州地区生源报到数7 041人，较2018年同期增加了747人，占实际报到总人数的19.04%，较2018年同期上升了0.79个百分点。表1-16是2019年苏州地区生源报到总数位于前10%的专业，表1-17是2019年苏州地区生源报到总数小于30人的专业。

表1-16 2019年苏州地区生源报到总数位于前10%的专业

专业名称	报到数/人	本地报到数/人	招生院校数/所
会计	2 077	562	13
城市轨道交通运营管理	871	555	6
机电一体化技术	1 848	546	12
计算机应用技术	1 161	268	9
学前教育	498	256	4
物流管理	750	244	12
数控技术	581	207	6
电子信息工程技术	568	201	7
酒店管理	408	181	9
计算机网络技术	1 008	176	11
模具设计与制造	390	176	7
信息安全与管理	214	170	3
电子商务	1 268	168	11
电气自动化技术	579	161	10
软件技术	1 213	159	10
旅游管理	803	157	9

表1-17 2019年苏州地区生源报到总数小于30人的专业

专业名称	报到数/人	本地报到数/人	招生院校数/所
商务英语	427	28	6
应用电子技术	405	24	8
工程造价	287	24	7
应用英语	189	24	3
护理	1 092	23	1

(续表)

专业名称	报到数/人	本地报到数/人	招生院校数/所
金融管理	293	23	4
产品艺术设计	176	22	4
城市轨道交通通信信号技术	49	21	1
临床医学	250	20	1
电梯工程技术	126	20	3
互联网金融	37	20	1
中药学	232	19	1
空中乘务	207	19	4
报关与国际货运	138	19	4
机械设计与制造	89	19	2
数字媒体艺术设计	436	18	8
建设工程管理	137	17	4
数字媒体应用技术	118	17	2
汽车制造与装配技术	83	17	2
物联网应用技术	348	16	5
审计	280	15	4
商务管理	115	15	2
纺织品检验与贸易	88	15	2
康复治疗技术	235	13	1
会计信息管理	169	13	4
建筑设计	63	13	2
国际贸易实务	247	11	7
工商企业管理	153	11	3
动漫设计	138	11	2

（续表）

专业名称	报到数/人	本地报到数/人	招生院校数/所
园艺技术	204	10	3
药品生物技术	203	10	4
医学影像技术	156	10	1
眼视光技术	116	10	1
音乐教育	35	10	1
汽车电子技术	150	9	4
汽车营销与服务	89	9	4
无人机应用技术	79	9	3
物业管理	82	9	2
口腔医学	79	9	1
卫生检验与检疫技术	40	9	1
早期教育	34	9	1
智能控制技术	200	8	4
文秘	131	8	3
生态农业技术	115	8	3
美术	87	8	2
服装与服饰设计	289	7	4
口腔医学技术	63	7	1
国际商务	57	7	2
应用德语	41	7	1
医学检验技术	237	6	1
资产评估与管理	58	6	2
法律事务	50	6	1
智能产品开发	163	5	4

（续表）

专业名称	报到数/人	本地市报到数/人	招生院校数/所
风景园林设计	98	5	1
人力资源管理	102	5	2
公共艺术设计	98	5	2
园林工程技术	92	5	1
医学营养	88	5	1
药品经营与管理	76	5	1
数控设备应用与维护	67	5	3
国际金融	56	5	1
社区康复	12	5	1
建筑工程技术	265	4	5
艺术设计	125	4	4
食品营养与检测	134	4	3
食品加工技术	77	4	1
食品质量与安全	46	4	1
云计算技术与应用	45	3	1
房地产经营与管理	39	3	1
行政管理	48	3	1
新能源汽车技术	26	3	1
会展策划与管理	106	2	3
助产	104	2	1
网络新闻与传播	91	2	1
工艺美术品设计	83	2	2
大数据技术与应用	82	2	2
展示艺术设计	80	2	1

（续表）

专业名称	报到数/人	本地市报到数/人	招生院校数/所
电子商务技术	77	2	1
环境监测与控制技术	67	2	1
环境工程技术	57	2	1
雕刻艺术设计	55	2	2
摄影与摄像艺术	56	2	1
体育教育	31	2	1
连锁经营管理	130	1	2
医学生物技术	80	1	2
建筑智能化工程技术	67	1	2
法律文秘	58	1	1
游戏设计	54	1	1
投资与理财	45	1	1
休闲农业	37	1	2
应用日语	24	1	2
染整技术	28	1	1
电信服务与管理	17	1	1
设施农业与装备	15	1	1
道路桥梁工程技术	16	1	1
家用纺织品设计	4	1	1
汽车运用与维修技术	107	0	2
自动化生产设备应用	86	0	2
表演艺术	67	0	1
家具艺术设计	55	0	1
现代纺织技术	46	0	2

（续表）

专业名称	报到数/人	本地市报到数/人	招生院校数/所
制冷与空调技术	37	0	1
工业分析技术	35	0	1
商检技术	36	0	1
移动通信技术	34	0	1
卫生信息管理	33	0	1
刺绣设计与工艺	28	0	1
音乐表演	26	0	1
民族美术	25	0	1
皮具艺术设计	26	0	1
首饰设计与工艺	24	0	1
陶瓷设计与工艺	29	0	1
休闲体育	28	0	1
服装表演	25	0	1
老年服务与管理	14	0	1
软件与信息服务	15	0	1
新能源汽车运用与维修	10	0	1
电子产品营销与服务	12	0	1
电子竞技运动与管理	1	0	1
工业设计	7	0	1
茶艺与茶叶营销	6	0	1
汽车车身维修技术	2	0	1

2019年，苏州地区生源报到人数为7 041人，无锡地区生源报到人数为3 451人，常州地区生源报到人数为2 562人。

图1-4　2017—2019年苏锡常3市报到率

4.各地生源报考苏州市高职院校因素分析

据人才培养状态数据平台统计，2019年，新生报考苏州市高职院校的因素主要有学校品牌、专业爱好、就业优势、技能培训、地理位置、他人推荐和其他7个指标，分别有12 372、9 583、9 766、7 778、8 066、3 779和2 688人次选择了对应的因素指标。表1-18是2018年和2019年新生报考苏州市高职院校因素占比。

37

表 1-18 2018 年和 2019 年新生报考苏州市高职院校因素占比

单位：%

报考原因占比	2018 年	2019 年	增量
学校品牌	18.06	22.90	4.84
专业爱好	18.53	17.74	-0.79
就业优势	18.55	18.07	-0.48
技能培训	13.71	14.40	0.69
地理位置	15.71	14.93	-0.78
他人推荐	11.02	6.99	-4.03
其他	4.43	4.97	0.54

（四）毕业生概况

2019 年，苏州全市 17 所高职院校应届毕业生共 3.25 万人，与 2018 年同期基本持平（约增加 0.06 万人）。2019 年苏州全市高职院校应届毕业生涉及的专业数达 158 个，专业方向数达 224 个，较 2018 年同期分别增加了 14 个专业和 14 个专业方向。图 1-5 是苏州全市高职院校 2018 年和 2019 年毕业生情况。表 1-19 是 2019 年苏州全市高职院校毕业生人数规模前 10 位的专业情况，表 1-20 是 2019 年苏州全市高职院校毕业生人数规模后 10% 的专业情况。

图 1-5　苏州全市高职院校 2018 年和 2019 年毕业生情况

表 1-19　2019 年苏州全市高职院校毕业生总数规模前 10 位的专业情况

前 10 位专业名称	毕业生数/人	开设学院数/所[①]
会计	2 334	19
机电一体化技术	1 796	22
护理	1 050	1
电子商务	989	13
软件技术	977	10
物流管理	958	13
环境艺术设计	898	12
市场营销	878	12
计算机网络技术	869	13

① 由于有的院校在开设同一个专业时包含几个专业方向，因此在统计时会超过 17 所院校数据。

表1-20　2019年苏州全市高职院校毕业生总数规模后10%的专业情况

后10%专业名称	毕业生数/人	开设学院数/所
数字媒体应用技术	18	2
信息安全与管理	17	1
水产养殖技术	16	1
茶艺与茶叶营销	15	1
建筑装饰工程技术	14	1
应用日语	13	1
卫生检验与检疫技术	13	1
室内环境检测与控制技术	10	1
汽车制造与装配技术	10	1
智能控制技术	10	1
建设工程监理	8	2
无人机应用技术	8	1
道路桥梁工程技术	7	1
软件与信息服务	6	1
国际金融	1	1

三、办学条件及经费

（一）办学核心指标分析

2019年，苏州全市17所高职院校的办学核心指标均值全部远高于合格指标，其中具有研究生学位教师占专任教师的比例、生均教学行政用房、生均图书、具有高级职务教师占专任教师的比例、生均占地面积、生均宿舍面积和生均实践场所7项指标居全国之首。表1-21是2019年苏州全市高职院校办学核心指标，表1-22是2017—2019年苏州全市高职院校办学核心指标。

表1-21 2019年苏州全市高职院校办学核心指标

序号	指标名称	本市高职数据	全国示范中位数	国家骨干及省示范中位数	同类中位数	江苏省中位数	全国中位数	合格指标
1	生师比/%	14.79	14.73	15.22	15.28	13.17	15.22	18
2	具有研究生学位教师占专任教师的比例/%	72.09	68.3	61.93	56.77	70.14	52.88	15
3	生均教学行政用房/（平方米/生）	25.26	17.32	17.72	18.70	21.8	18.18	16
4	生均教学科研仪器设备值/（元/生）	15 145.74	15 081.40	11 996.93	12 579.12	15 339.29	10 739.35	4 000
5	生均图书/（册/生）	111.57	76.73	77.2	70.98	85.62	80.16	60
6	具有高级职务教师占专任教师的比例/%	38.73	36.89	33.24	31.09	38.49	29.3	20
7	生均占地面积/（平方米/生）	73.85	62.62	63.3	65.88	73.36	66.98	59
8	生均宿舍面积/（平方米/生）	11.19	8.51	8.09	8.98	11.05	8.78	6.5
9	生均实践场所/（平方米/生）	9.94	8.81	8.61	9.28	9.41	8.39	8.3
10	百名学生配教学用计算机数/台	41.33	35.22	29.61	29.19	48.38	26.71	10
11	新增科研仪器设备所占比例/%	10.99	13.01	11.56	11.59	12.15	11.66	10
12	生均年进书量/册	2.84	2.87	3.02	2.41	3.12	3.04	2

表 1-22 2017—2019 年苏州全市高职院校办学核心指标

指标	2017 年	2018 年	2019 年
生师比/%	14.16	13.78	14.79
具有研究生学位教师占专任教师的比例/%	68.95	72.00	72.09
生均教学行政用房/(平方米/生)	20.61	28.36	25.26
生均教学科研仪器设备值/(元/生)	13 601.54	15 180.42	15 145.74
生均图书/(册/生)	129.26	151.18	111.57
高级职务教师占专任教师的比例/%	35.27	36.62	38.73
生均占地面积/(平方米/生)	67.91	82.74	73.85
生均宿舍面积/(平方米/生)	10.83	12.93	11.19
生均实践场所/(平方米/生)	10.45	10.69	9.94
百名学生配教学用计算机数/台	36.60	46.18	41.33
新增科研仪器设备所占比例/%	13.75	14.36	10.99
生均年进书量/册	9.87	3.82	2.84

（二）办学面积及资产

2019 年，苏州全市高职院校总建筑面积达 737.028 万平方米，较 2018 年增加了 37.107 万平方米。其中，教学科研及辅助用房总面积达 212.213 万平方米，较 2018 年增加了 0.415 万平方米；实验实习场所面积达 109.112 万平方米，较 2018 年增加了 2.155 万平方米。苏州全市高职院校资产总值首次超过了 100 亿元，较 2018 年增加了 5.362 1 亿元；其中教学科研仪器设备资产总值达 17.779 7 亿元，较 2018 年增加了 1.321 9 亿元。表 1-23 是 2018 年和 2019 年苏州全市高职院校部分办学指标。图 1-6 是苏州全市高职院校 2019 年省属、市县属和民办 3 类院校资产。

表 1-23 2018 年和 2019 年苏州全市高职院校部分办学指标

指标	2018 年	2019 年	增量
总建筑面积/万平方米	699.921	737.028	37.107
教学科研及辅助用房总面积/万平方米	211.798	212.213	0.415
实验实习场所面积/万平方米	106.957	109.112	2.155
全市高职院校资产总值/亿元	94.657 8	100.019 9	5.362 1
教学科研仪器设备资产总值/亿元	16.457 8	17.779 7	1.321 9

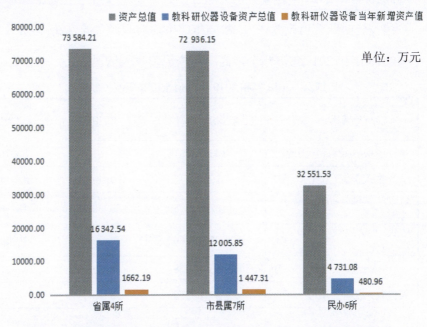

图 1-6 苏州全市高职院校 2019 年省属、市县属和民办 3 类院校资产

（三）办学收入及支出

1. 经费收入

2019 年，苏州全市 17 所高职院校经费收入总额达 387 676.33 万元，较 2018 年上升了 16 个百分点。其中，学费收入 79 499.06 万元，

较 2018 年同期基本持平（下降了 0.15 个百分点）；财政经常性补助收入 155 696.14 万元，较 2018 年上升了 13 个百分点；中央、地方财政专项投入达 92 522.26 万元，较 2018 年上升了 22 个百分点；社会捐赠为 3 522.14 万元，较 2018 年下降了 8 个百分点；其他收入总额达 56 436.73 万元，较 2018 年同期上升了 50 个百分点。另外，值得注意的是，"学校经费总收入/折合在校生总数"有所增加，2017 年、2018 年和 2019 年连续三年均超过了 3 万元/生，主要是有的学校将基建设施的经费也计算在内，故当年的生均财政经费异常高。表 1-24 为 2018 年和 2019 年苏州全市高职院校经费收入情况。

表 1-24 2018 年和 2019 年苏州全市高职院校经费收入情况

指标	2018 年	2019 年	增量
学校经费收入总额/万元	333 880.15	387 676.33	53 796.18
学费收入金额/万元	79 617.39	79 499.06	-118.33
财政经常性补助收入金额/万元	137 043.59	155 696.14	18 652.55
中央、地方财政专项投入金额/万元	75 744.03	92 522.26	16 778.23
社会捐赠金额/万元	3 852.81	3 522.14	-330.67
其他收入总额/万元	37 622.33	56 436.73	18 814.40
学校经费总收入/（折合在校生总数/元/生）	32 119.69	35 289.82	3 170.13

2.经费支出

2019 年，苏州全市高职院校经费支出达 330 591.49 万元，较 2018 年同期上升了 1.05%。经费支出主要用于征地、基础设施建设、设备采购、教学改革及研究、师资建设、图书购置费、日常教学经费和其他支出八个方面，详见表 1-25。

表 1-25 2018 年及 2019 年苏州全市高职院校经费支出情况

单位：万元

指标	2018 年	2019 年	增量
学校经费支出总额	327 143.71	330 591.49	3 447.78
征地金额	9 598.93	0.00	-9 598.93
基础设施建设金额	43 001.91	39 122.87	-3 879.04
设备采购金额	32 335.57	27 100.23	-5 235.34
教学改革及研究金额	10 825.14	12 464.9	1 639.76
师资建设金额	6 277.79	6 766.82	489.03
图书购置费金额	1 726.96	1 516.58	-210.38
日常教学经费金额	38 858.61	42 692.49	3 833.88
其中：实（验）训耗材金额	3 302.77	4 345.62	1 042.85
实习专项金额	3 000.03	3 556.58	556.55
聘请兼职教师经费金额	2 859.76	3 000.64	140.88
体育维持费金额	587.93	826.01	238.08
其他支出金额	184 518.80	20 0927.60	16 408.80

3. 经费收入与支出结构

2019 年，苏州全市高职院校办学经费的总收入为 387 676.326 万元，总支出为 330 591.49 万元，总收入与总支出的比为 1.17:1，办学经费收支情况较 2018 年同期有较大增量（2018 年同期收支比为 1.02:1）。表 1-26 是 2019 年苏州全市高职院校办学经费收支情况。

表 1-26　2019 年苏州全市高职院校办学经费收支情况

经费收入/万元			经费支出/万元		
项目	金额/万元	占比/%	项目	金额/万元	占比/%
学费收入	79 499.06	20.51	设备采购	27 100.23	8.20
财政经常性补助收入	155 696.14	40.16	教学改革及研究	12 464.9	3.77
中央、地方财政专项投入	92 522.256	23.86	师资建设	6 766.82	2.05
社会捐赠金额	3 522.14	0.91	图书购置费	1 516.58	0.46
其他收入总额	56 436.73	14.56	日常教学经费	42 692.49	12.91
			其他支出	200 927.60	60.78
			征地	0.00	0.00
			基础设施建设	39 122.87	11.83
总收入	387 676.326		总支出	330 591.49	
收支比			1.17∶1		

第二部分 学生发展

一、就业质量

（一）就业率

1. 初次就业率[①]

2019 年，苏州全市高职院校毕业生总规模达 3.25 万人（含应届毕业生和往届留学、休学人员以及复员军人等），较 2018 年同期增加了 569 人，截至当年 8 月 31 日就业 3 万人，与 2018 年同期基本持平；截至 8 月 31 日就业率为 92.41%，较 2017 年同期下降了 2 个百分点。表 2-1 是 2018 年和 2019 年苏州及周边城市高职院校毕业生就业情况，表 2-2 是 2018 年和 2019 年苏州及周边城市高职院校毕业生就业率。

表 2-1 2018 年和 2019 年苏州及周边城市高职院校毕业生就业情况

单位：人

区域	2018 年			2019 年		
	8 月 31 日	本地市	对口	8 月 31 日	本地市	对口
苏州	30 191	14 850	21 633	30 083	12 543	20 517
南京	70 702	19 094	48 195	78 198	18 678	54 500
无锡	22 323	8 783	12 370	20 868	7 462	11 749
常州	18 788	6 358	13 010	16 814	5 300	10 827

---

① 初次就业率是指截至当年 8 月 31 日的应届毕业生就业数据。

表 2-2　2018 年和 2019 年苏州及周边城市高职院校毕业生就业率

单位：%

区域	2018 年			2019 年		
	8月31日就业率	本地市就业率	对口率	8月31日就业率	本地市就业率	对口率
江苏省	94.47	32.36	67.53	94.09	28.55	66.03
苏州市	94.56	49.19	71.65	92.41	41.69	68.20
南京市	94.89	27.01	68.17	95.37	23.89	69.69
无锡市	95.79	39.35	55.41	94.73	35.76	56.30
常州市	95.68	33.84	69.25	94.17	31.52	64.39

图 2-1、图 2-2 和图 2-3 分别是苏州、无锡、常州等地区 2018 年和 2019 年高职院校毕业生初次就业率、本地区就业率及就业对口率。

图 2-1　苏州、无锡、常州等地区 2018 年和 2019 年高职院校毕业生初次就业率

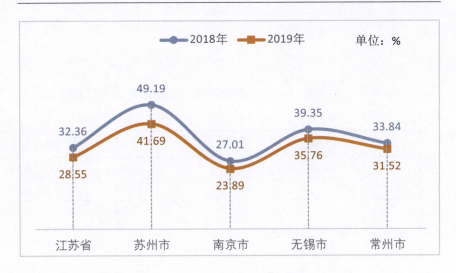

图 2-2 苏州、无锡、常州等地区 2018 年和 2019 年高职院校毕业生本地区就业率

图 2-3 苏州、无锡、常州等地区 2018 年和 2019 年高职院校毕业生就业对口率

2.年终就业率①

截至 2019 年 12 月 31 日,苏州全市 17 所高职院校的应届毕业生就业率平均为 98%左右,与 2018 年同期基本持平,详见表 2-3。

表 2-3 2019 年苏州全市高职院校毕业生年终就业率

院校名称	代码	就业率/%
苏州工艺美术职业技术学院	10960	96.92
苏州农业职业技术学院	12808	98.45
苏州经贸职业技术学院	12685	97.97
苏州卫生职业技术学院	12688	98.22
苏州市职业大学	11054	98.50
苏州工业职业技术学院	12686	98.84
苏州工业园区职业技术学院	12809	97.19
苏州工业园区服务外包职业学院	14295	97.07
沙洲职业工学院	11288	96.70
苏州健雄职业技术学院	13751	98.22
硅湖职业技术学院	12078	97.99
苏州托普信息职业技术学院	12687	97.63
昆山登云科技职业学院	13963	96.94
苏州百年职业学院	13962	100.00
苏州高博软件技术职业学院	14163	98.42
苏州信息职业技术学院	14256	94.08
苏州幼儿师范高等专科学校	15583	96.82

另据统计,2019 年苏州全市高职院校应届毕业生在毕业半年后留在苏州大市就业人数有较大增加,有 64.54%的应届毕业生(2 万余人)留在苏州地区就业,较初次就业率上升了 22.85 个百分点,较 2018 年同期下降了 7.5 个百分点。

---

① 年终就业率是指截至当年 12 月 31 日应届毕业生的就业数据,也就是毕业半年后的就业数据。

（二）毕业生去向

2019 年，苏州全市高职院校毕业生还是以直接就业为导向，直接就业比例为 70.92%，稍低于 2018 年（75.45%）；其次是学历提升（专升本），专升本比例为 20.59%；排在第三的是正在求职。表 2-4 是 2018 年和 2019 年苏州市高职院校毕业生去向情况，表 2-5 是 2019 年江苏省部分地区高职院校毕业生去向人数规模情况。图 2-4 是 2018 年和 2019 年苏州全市高职院校毕业生去向比例情况，图 2-5 是 2018 年和 2019 年江苏省部分地区毕业生去向之直接就业占比情况，图 2-6 是 2018 年和 2019 年江苏省部分地区高职院校毕业生去向之创业占比情况，图 2-7 是 2018 年和 2019 年江苏省部分地区高职院校毕业生专升本情况，图 2-8 是 2018 年和 2019 年江苏省部分地区高职院校毕业生正在求职情况，图 2-9 是 2019 年江苏部分地区高职院校毕业生留学/参军/其他去向情况。

表 2-4 2018 年和 2019 年苏州全市高职院校毕业生去向情况

毕业去向	2018 年	2019 年	增量
毕业生数/人	31 984	32 553	569
就业人数/人	24 131	23 086	-1 045
就业比例/%	75.45	70.92	-4.53
创业人数/人	59	147	88
创业比例/%	0.18	0.45	0.27
专升本人数/人	5 920	6 702	782
专升本比例/%	18.51	20.59	2.08
留学人数/人	48	57	9
留学比例/%	0.15	0.18	0.03
参军人数/人	91	91	0
参军比例/%	0.28	0.28	0.00
正在求职人数/人	1 729	2 212	483
正在求职比例/%	5.41	6.80	1.39
其他人数/人	6	258	252
其他比例/%	0.02	0.79	0.77

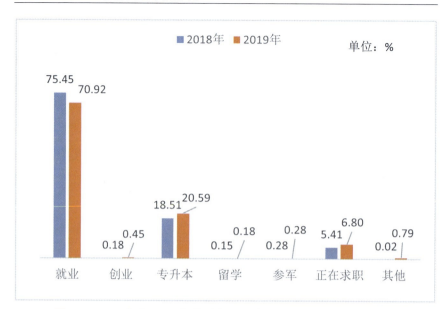

图 2-4 2018 年和 2019 年苏州高职院校毕业生就业去向占比情况

表 2-5 2019 年江苏省部分地区高职院校毕业生就业去向情况

单位：人

区域	毕业生	就业	创业	专升本	留学	参军	正在求职	其他
江苏省	226 144	164 642	738	46 233	441	989	11 868	1 233
苏州市	32 553	23 086	147	6 702	57	91	2 212	258
南京市	82 360	61 717	201	15 768	289	609	3 489	287
无锡市	22 028	16 061	36	4 596	21	154	1 113	47
常州市	17 854	12 604	42	4 129	4	35	1 032	8

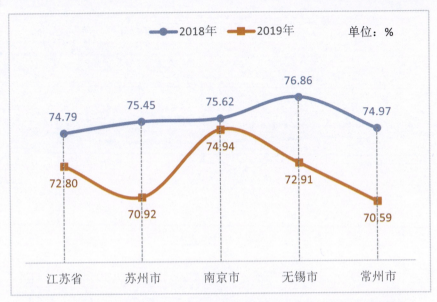

图 2-5 2018 年和 2019 年江苏省部分地区高职院校毕业生就业占比情况

图 2-6 2018 年和 2019 年江苏省部分地区高职院校毕业生创业占比情况

图 2-7 2018 年和 2019 年江苏省部分地区高职院校毕业生专升本情况

图 2-8 2018 年和 2019 年江苏省部分地区高职院校毕业生正在求职情况

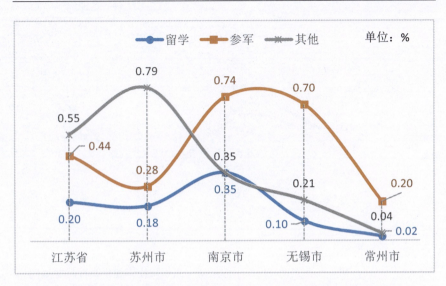

图 2-9 2019 年江苏部分地区高职院校毕业生留学/参军/其他去向情况

（三）毕业生流向

2019 年，苏州全市高职院校毕业生在江苏省内初次就业率为 65.27%，较 2018 年同期下降近 6 个百分点；毕业生在外省就业率为 34.73%，留在苏州地区的初次就业率为 41.69%，较 2018 年同期下降了 7.5 个百分点；年终留在苏州地区的高职院校毕业生就业率为 64.54%，与 2018 年同期基本持平（64.7%）。图 2-10 是 2018 年和 2019 年苏州全市高职院校毕业生初次就业流向。表 2-6 是 2019 年苏州、南京、无锡、常州 4 市高职院校毕业生初次就业流向，表 2-7 是 2019 年苏州、南京、无锡、常州 4 市高职院校毕业生初次就业流向比例。

55

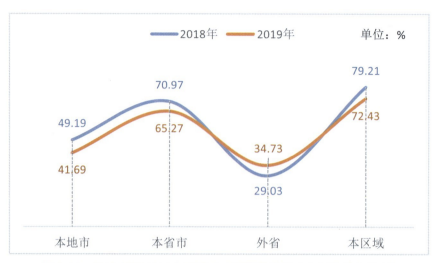

图 2-10 2018 年和 2019 年苏州全市高职院校毕业生初次就业流向①

表 2-6 2019 年苏州、南京、无锡、常州 4 市高职院校毕业生初次就业流向

单位：人

区域	毕业生总人数	就业人数	本地市就业人数	本省市就业人数	外省就业人数	对口就业人数
苏州市	32 553	30 083	12 543	19 636	10 447	20 517
南京市	82 387	78 584	18 757	54 079	24 505	54 799
无锡市	22 028	20 868	7 462	13 363	7 505	11 749
常州市	17 854	16 814	5 300	10 836	5 978	10 827

表 2-7 2019 年苏州、南京、无锡、常州 4 市高职院校毕业生初次就业流向比例

单位：%

区域	就业率	对口就业率	本地市就业率	本省市就业率	外省就业率	其他就业率
苏州市	92.41	68.20	41.69	65.27	34.73	27.57
南京市	95.38	69.73	23.87	68.82	31.18	26.12
无锡市	94.73	56.30	35.76	64.04	35.96	27.67
常州市	94.17	64.39	31.52	64.45	35.55	29.79

---

① 初次流向数据是指截至当年 8 月 31 日应届毕业生的流向数据。

（四）就业企业结构（构成）

2019 年，苏州全市高职院校毕业生直接就业总数为 23 086 人，较 2018 年同期直接减少了约 1 000 人。表 2-8 是 2018 年和 2019 年苏州全市高职院校毕业生初次直接就业企业构成情况。图 2-11 是 2018 年和 2019 年苏州高职院校毕业生初次直接就业企业构成占比情况，图 2-12 是苏州、无锡、常州 3 市 2019 年高职院校应届毕业生初次直接就业企业类型（结构占比）情况。

表 2-8 2018 年和 2019 年苏州全市高职院校毕业生初次直接就业企业构成情况

单位：人

企业类型	2018 年	2019 年	增量
就业生数	24 131	23 086	-1 045
私营	18 294	18 814	520
独资	1 867	218	-1 649
国有	2 603	1 377	-1 226
合资	1 367	2 677	1 310
其他	0	0	0

图 2-11 2018 年和 2019 年苏州全市高职院校毕业生初次直接就业企业构成占比情况

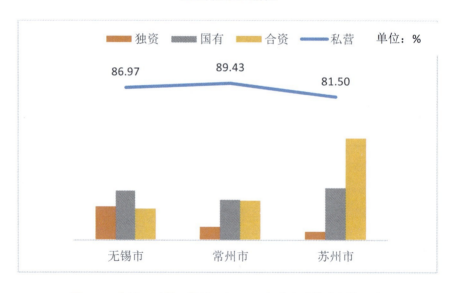

图 2-12 苏州、无锡、常州 3 市 2019 年高职院校应届毕业生初次直接就业企业类型情况

（五）就业企业规模分析

2019 年，苏州全市高职院校毕业生选择规模以上企业就业的有 1.04 万余人，较 2018 年同期减少了 1 100 余人，同期对比下降了近 2.8 个百分点。选择规模以下企业就业的有 1.26 万余人，较 2018 年同期增加了 100 余人，同期对比上升了近 2.8 个百分点。表 2-9 是 2018 年和 2019 年苏州全市高职院校毕业生就业企业规模情况。图 2-13 是 2018 年和 2019 年苏州全市高职院校毕业生就业企业规模占比情况，图 2-14 是 2019 年苏州、无锡、常州 3 市 2019 届高职院校毕业生就业企业规模占比情况。

表 2-9　2018 年和 2019 年苏州全市高职院校毕业生就业企业规模情况

单位：人

性质	2018 年	2019 年	增幅
规模以上	10 481	11 629	-1 148
规模以下	12 605	12 502	103

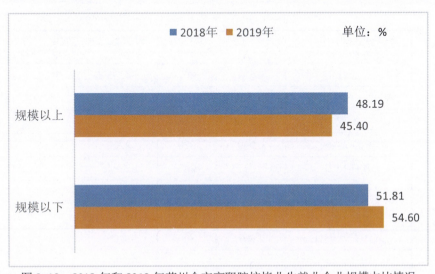

图 2-13　2018 年和 2019 年苏州全市高职院校毕业生就业企业规模占比情况

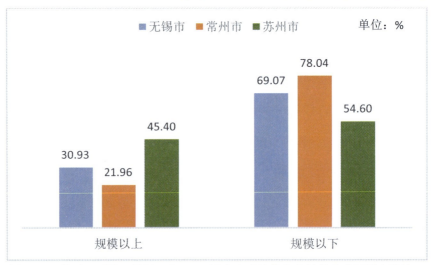

图 2-14　苏州、无锡、常州 3 市 2019 届高职院校毕业生就业企业规模占比情况

（六）就业规模专业排名分析

2019 年，苏州全市高职院校就业人数位于前三的专业是会计、机电一体化技术和护理。表 2-10 是 2019 年苏州全市高职院校就业规模前 10%的专业，表 2-11 是就业规模后 10%的专业。

表 2-10　2019 年苏州全市高职院校就业规模前 10%的专业

就业规模前10%的专业名称	毕业生数/人	初次就业数/人	初次就业率/%	所属产业	开设院校数/所
会计	2 334	2 207	94.56	三产	13
机电一体化技术	1 796	1 702	94.77	二产	13
护理	1 316	962	73.10	三产	1
电子商务	989	920	93.02	三产	12
软件技术	977	907	92.84	三产	10
物流管理	958	893	93.22	三产	12
计算机网络技术	869	824	94.82	三产	11
环境艺术设计	898	800	89.09	三产	11
市场营销	878	795	90.55	三产	12

（续表）

就业规模前 10%的专业名称	毕业生数/人	初次就业数/人	初次就业率/%	所属产业	开设院校数/所
计算机应用技术	733	693	94.54	三产	11
学前教育	683	660	96.63	三产	2
汽车检测与维修技术	637	608	95.45	二产	5
电气自动化技术	634	603	95.11	二产	10
机械制造与自动化	535	502	93.83	二产	5

表 2-11　2019 年苏州全市高职院校就业规模后 10% 的专业

就业规模后 10%的专业名称	毕业生数/人	初次就业数/人	初次就业率/%	所属产业	开设院校数/所
数字媒体应用技术	18	18	100.00	三产	2
信息安全与管理	17	17	100.00	三产	1
水产养殖技术	16	16	100.00	一产	1
茶艺与茶叶营销	15	15	100.00	三产	1
建筑装饰工程技术	14	14	100.00	二产	1
应用日语	13	13	100.00	三产	1
卫生检验与检疫技术	13	13	100.00	三产	1
室内环境检测与控制技术	10	10	100.00	三产	1
智能控制技术	10	10	100.00	二产	1
汽车制造与装配技术	10	8	80.00	二产	1
无人机应用技术	8	8	100.00	二产	1
建设工程监理	8	7	87.50	二产	2
道路桥梁工程技术	7	7	100.00	三产	1
软件与信息服务	6	6	100.00	三产	1
国际金融	1	1	100.00	三产	1

（七）就业专业相关度

2019 年，苏州全市高职院校理工农医类毕业生就业专业总体相关度为 75.13%，较 2018 年同期提高了 1.2 个百分点，图 2-16 是 2017—2019 年苏州全市高职院校理工农医类毕业生就业专业相关度。

图 2-15　2017—2019 年苏州全市高职院校理工农医类毕业生就业专业相关度

2019 年，苏州全市高职院校理工类毕业生就业专业相关度达 73.52%，较 2018 年同期同类下降了 1.63 个百分点；农业类毕业生就业专业相关度为 53.21%，较 2018 年同期同类上升了 2.1 个百分点；财经类毕业生就业专业相关度为 71.11%，较 2018 年同期同类上升了 2.89 个百分点；医药类毕业生就业专业相关度较高，达 98.83%，与 2018 年同期同类基本持平，已连续三年达到 98.5% 以上；艺术类毕业生就业专业相关度为 64.02%，较 2018 年同期同类上升了 21.06 个百分点；师范类毕业生就业专业相关度为 93.56%，较 2018 年同期同类上升了 5.77 个百分点；综合类毕业生就业专业相关度为 73.45%，较 2018 年同期同类上升了 3.61 个百分点。图 2-17 为 2017—2019 年苏州全市高职院校理工农医类毕业生就业专业相关度一览。

图 2-16　2017—2019 年苏州全市高职院校理工农医类毕业生就业专业相关度

2019 年，苏州全市高职院校毕业生就业专业大类相关度位于前三位的是：医药卫生大类 98.88%，生物与化工大类 77.48%，轻工纺织大类 73.66%；位于后三位的是：公共管理与服务大类 52.20%，资源环境与安全大类 51.61%，公安与司法大类 45.57%。图 2-17 为 2019 年苏州全市高职院校毕业生就业专业大类相关度。

图 2-17 2019 年苏州全市高职院校毕业生就业专业大类相关度

（八）就业对口专业排名分析

2019 年，苏州全市高职院校毕业生对口就业规模前 10 位的专业、对口就业率前 10 位的专业以及对口就业规模后 10%的专业参见表 2-12、表 2-13 和表 2-14。会计、机电一体化技术、护理 3 个专业连续 2 年对口就业规模排名前三。

表 2-12 2019 年苏州全市高职院校对口就业规模前 10 位的专业

专业名称	就业数/人	对口就业数/人	所属产业	院校数/所
会计	2 207	1 330	三产	12
机电一体化技术	1 702	1 130	二产	12
护理	962	960	三产	1
电子商务	920	719	三产	10
物流管理	893	646	三产	11
学前教育	660	607	三产	2
环境艺术设计	800	605	三产	10
市场营销	795	566	三产	11
软件技术	907	536	三产	9
计算机网络技术	824	515	三产	12

表 2-13 2019 年苏州全市高职院校对口就业率前 10 位的专业

专业名称	对口就业数/人	对口就业率/%	所属产业	院校数/所
护理	960	99.79	三产	1
药学	498	99.60	三产	1
医学检验技术	219	99.10	三产	1
学前教育	607	91.97	三产	2
建筑室内设计	292	83.43	二产	4
移动互联应用技术	249	82.18	三产	6
室内艺术设计	195	80.58	三产	10
电子商务	719	78.15	三产	10
酒店管理	245	77.53	三产	7
建筑工程技术	198	76.45	二产	5

注：在分析对口率排名时，采集专业就业数规模大于苏州全市专业平均值（约 200 人/专业）。

表 2-14 2019 年苏州全市高职院校对口就业规模后 10%的专业

专业名称	就业数/人	对口就业数/人	所属产业	院校数/所
建筑装饰工程技术	14	10	二产	1
体育教育	27	10	三产	1
法律事务	41	10	三产	1
数字媒体应用技术	18	10	三产	2
房地产经营与管理	30	9	三产	1
水产养殖技术	16	9	一产	1
电信服务与管理	24	8	三产	1
无人机应用技术	8	7	二产	1
道路桥梁工程技术	7	6	三产	1
软件与信息服务	6	4	三产	1
汽车制造与装配技术	8	4	二产	1
建设工程监理	7	3	二产	2
应用日语	13	2	三产	1
表演艺术	44	2	三产	1
室内环境检测与控制技术	10	2	三产	1
国际金融	1	1	三产	1
智能控制技术	10	0	二产	1

（九）就业起薪分析

2019 年，苏州全市高职院校各专业毕业生就业起薪（均值）较 2018 年同期有所上升，各专业起薪平均增加 190 元左右，详见表 2-15。其中，表 2-15 是 2018 年和 2019 年苏州、无锡、常州等地区高职院校毕业生就业专业起薪，表 2-16 是 2018 年和 2019 年苏州全市高职院校毕业生就业专业起薪均值。

表 2-15 2018 年和 2019 年苏州、无锡、常州等地区高职院校毕业生就业专业起薪

单位：元

区域	2018 年	2019 年	增量
江苏省	3 072.00	3 541.92	469.92
南京	3 280.00	3 346.59	66.59
无锡	3 479.00	3 888.11	409.11
常州	3 583.00	4 008.99	425.99
苏州	3 440.20	3 630.47	190.27

表 2-16 2018 年和 2019 年苏州全市高职院校毕业生就业专业起薪均值

单位：元

院校名称	2018 年	2019 年	增量
苏州工艺美术职业技术学院	3 851.13	3 255.94	-595.19
苏州农业职业技术学院	2 836.24	3 457.77	621.53
苏州经贸职业技术学院	3 643.07	3 818.64	175.57
苏州卫生职业技术学院	3 674.35	3 496.11	-178.24
苏州市职业大学	2 775.73	3 590.82	815.09
苏州工业职业技术学院	3 979.77	4 054.96	75.19
苏州工业园区职业技术学院	2 776.85	3 214.76	437.91
苏州工业园区服务外包职业学院	4 023.07	4 254.95	231.88
沙洲职业工学院	3 014.74	3 023.20	8.46
苏州健雄职业技术学院	3 867.32	3 969.20	101.88
硅湖职业技术学院	3 500.00	3 807.59	307.59
苏州托普信息职业技术学院	2 700.00	3 500.00	800.00
昆山登云科技职业学院	3 879.94	3 481.52	-398.42
苏州百年职业学院	3 318.75	3 500.00	181.25
苏州高博软件技术职业学院	3 778.97	3 800.66	21.69
苏州信息职业技术学院	3 863.53	3 983.21	119.68
苏州幼儿师范高等专科学校	3 000.00	3 500.00	500.00

数据来源：各院校年报指标数据。

（十）产业起薪分析

2019 年，苏州全市高职院校毕业生在整个产业就业起薪均值约为 3 630 元，较 2018 年同期有明显增加，增加幅度均值为 7%以上，其中"二产"类起薪增加较少，约为 1.58%，"一产"和"三产"类起薪增加幅度较大，分别约为 9.53%和 9.04%。表 2-17 是 2018 年和 2019 年苏州全市高职院校毕业生就业产业起薪。图 2-18 是 2018 年和 2019 年苏州全市高职院校毕业生就业产业起薪较上年增幅比例对比。

表 2-17 2018 年和 2019 年苏州全市高职毕业生就业产业起薪

单位：元

产业	2018 年	2019 年	增量
一产	3 047.48	3 337.78	290.30
二产	3 464.69	3 519.54	54.85
三产	3 370.76	3 675.4	304.64
均值	3 386.84	3 630.47	243.63

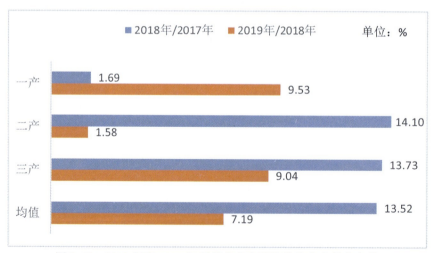

图 2-18 2018 年和 2019 年苏州全市高职院校毕业生就业产业起薪较上年增幅比例对比

(十一)专业大类起薪分析

2019年,苏州全市高职院校毕业生就业于17个专业大类(与2018年同期相同),去除能源动力与材料和水利两个大类,各专业大类起薪均值约为3 630.47元,较2018年同期上涨了240余元。表2-18是2018年和2019年苏州全市高职院校毕业生就业的17个专业大类起薪均值。由表中数据可知,有13个专业大类起薪上涨,4个专业大类起薪有所下降。其中,新闻传播、生物与化工和资源环境与安全三个大类位列上涨增值前三,交通运输大类下降稍大。

表2-18 2018年和2019年苏州全市高职院校毕业生就业的17个专业大类起薪均值

单位:元

专业大类	2018年	2019年	增量
农林牧渔	3 047.48	3 337.78	290.30
资源环境与安全	3 000.00	3 500.00	500.00
土木建筑	3 337.09	3 543.21	206.12
装备制造	3 544.06	3 493.13	-50.93
生物与化工	3 323.64	3 824.22	500.58
轻工纺织	3 539.88	3 507.32	-32.56
食品药品与粮食	3 240.73	3 686.47	445.74
交通运输	4 088.75	3 682.29	-406.46
电子信息	3 460.29	3 794.92	334.63
医药卫生	3 730.76	4 107.87	377.11
财经商贸	3 291.08	3 584.87	293.79
旅游	3 195.65	3 681.21	485.56
文化艺术	3 471.61	3 400.57	-71.04
新闻传播	3 432.06	4 789.23	1 357.17
教育与体育	3 148.73	3 505.02	356.29
公安与司法	2 735.00	3 044.77	309.77
公共管理与服务	2 946.26	3 370.26	424.00

(十二) 雇主（用人单位）满意度

2019年，雇主（用人单位）对苏州高职院校毕业生的满意度均值为97.10%，较2018年同期上升了0.7个百分点。表2-19是2018年和2019年雇主（用人单位）对苏州全市高职院校毕业生满意度。

表2-19 2018年和2019年雇主（用人单位）对苏州全市高职院校毕业生满意度

单位：%

院校名称	2018年	2019年	增量
苏州工艺美术职业技术学院	98.06	99.87	1.81
苏州农业职业技术学院	96.13	97.11	0.98
苏州经贸职业技术学院	86.00	94.51	8.51
苏州卫生职业技术学院	99.32	99.28	-0.04
苏州市职业大学	92.80	98.90	6.10
苏州工业职业技术学院	96.83	91.75	-5.08
苏州工业园区职业技术学院	98.10	97.85	-0.25
苏州工业园区服务外包职业学院	89.20	91.30	2.10
沙洲职业工学院	99.88	100.00	0.12
苏州健雄职业技术学院	98.86	98.22	-0.64
硅湖职业技术学院	93.95	94.85	0.90
苏州托普信息职业技术学院	98.33	98.56	0.23
昆山登云科技职业学院	100.00	97.13	-2.87
苏州百年职业学院	99.68	—	—
苏州高博软件技术职业学院	97.13	97.23	0.10
苏州信息职业技术学院	98.00	98.00	0.00
苏州幼儿师范高等专科学校	99.58	99.00	-0.58

注：苏州百年职业学院在2019年无应届毕业生。

（十三）母校满意度

2019 年，苏州全市高职院校毕业生对母校的满意度均值为 97.91%，与 2018 年同期基本持平（上升了 0.1 个百分点）。表 2-20 是 2018 年和 2019 年苏州全市高职院校毕业生对母校满意度。

表 2-20　2018 年和 2019 年苏州全市高职院校毕业生对母校满意度

单位：%

院校名称	2018 年	2019 年	增量
苏州工艺美术职业技术学院	98.28	98.76	0.48
苏州农业职业技术学院	98.67	98.81	0.14
苏州经贸职业技术学院	97.00	98.17	1.17
苏州卫生职业技术学院	98.00	98.00	0.00
苏州市职业大学	98.10	98.10	0.00
苏州工业职业技术学院	98.71	98.42	-0.29
苏州工业园区职业技术学院	95.50	95.00	-0.50
苏州工业园区服务外包职业学院	98.51	98.10	-0.41
沙洲职业工学院	98.55	99.62	1.07
苏州健雄职业技术学院	98.08	98.04	-0.04
硅湖职业技术学院	94.28	95.32	1.04
苏州托普信息职业技术学院	98.03	98.12	0.09
昆山登云科技职业学院	98.06	97.53	-0.53
苏州百年职业学院	98.69	—	—
苏州高博软件技术职业学院	99.00	99.20	0.20
苏州信息职业技术学院	97.00	96.00	-1.00
苏州幼儿师范高等专科学校	99.10	99.30	0.20

注：苏州百年职业学院 2019 年无应届毕业生。

（十四）在校生各类满意度

2019 年，苏州全市高职院校在校生（主要是一年级和二年级学生）的满意度与 2018 年基本持平，其中，"课外育人"一项提升较快（上升了 11 个百分点），各项调查指标的均值均超过 90%，表 2-21 是 2018 年和 2019 年苏州全市高职院校在校生对院校的各类满意度。

表 2-21　2018 年和 2019 年苏州全市高职院校在校生对院校的各类满意度

单位：%

调查项目	2018 年	2019 年	增量
课堂育人	96.67	96.70	0.03
课外育人	95.31	96.19	0.88
思想政治课	96.83	96.35	−0.48
公共基础课（不含思想政治课）	96.69	96.07	−0.62
专业课教学	96.85	96.76	−0.09
学生工作	95.79	96.34	0.55
教学管理	96.61	96.54	−0.07
后勤服务	91.75	92.21	0.46

二、职业发展

（一）应届生毕业半年后月薪

据高职院校数据平台状态数据显示，2019 年，苏州全市 17 所高职院校应届毕业生在当年 12 月的月收入较起薪有小幅增长，应届生毕业半年后月薪平均为 4 140 元，高于当年江苏全省高职毕业生毕业半年后的平均工资（3 973 元），较当年 9 月的起薪增加了约 550 元/月，较 2018 年同期增加了 300 余元。表 2-22 是 2018 年和 2019 年苏州全市高职院校应届生毕业半年后月薪，表 2-23 是江苏省与苏州市 2018

年和 2019 年高职院校应届生毕业半年后月薪。

表 2-22　2018 年和 2019 年苏州全市高职院校应届生毕业半年后月薪

单位：元

院校名称	2018 年	2019 年	增量
苏州工艺美术职业技术学院	4 230.00	4 276.00	46.00
苏州农业职业技术学院	3 571.00	3 983.00	412.00
苏州经贸职业技术学院	3 526.00	3 895.00	369.00
苏州卫生职业技术学院	3 782.00	3 999.00	217.00
苏州市职业大学	3 741.00	3 799.00	58.00
苏州工业职业技术学院	3 979.00	4 191.00	212.00
苏州工业园区职业技术学院	4 050.00	4 150.00	100.00
苏州工业园区服务外包职业学院	4 695.00	4 654.00	-41.00
沙洲职业工学院	3 496.00	3 688.00	192.00
苏州健雄职业技术学院	4 063.00	4 163.00	100.00
硅湖职业技术学院	4 513.00	4 670.00	157.00
苏州托普信息职业技术学院	4 174.00	4 197.00	23.00
昆山登云科技职业学院	4 332.00	4 686.00	354.00
苏州百年职业学院	3 012.23	—	—
苏州高博软件技术职业学院	3 100.57	4 300.00	1199.43
苏州信息职业技术学院	3 863.00	4 197.00	334.00
苏州幼儿师范高等专科学校	4 022.48	4 100.00	77.52

注：苏州百年职业学院 2019 年无应届毕业生。

表 2-23　江苏省与苏州市 2018 年和 2019 年高职院校应届生毕业半年后月薪

单位：元

区域	2018 年	2019 年	增量
江苏省	3 699	3 973	274
苏州市	3 713	4 142	429

（二）岗位变迁

据高职院校提供的状态平台数据显示，2019 年，苏州全市高职院校应届毕业生在当年 12 月 31 日时，升迁及转岗总人数达 11 866 人，与 2018 年同期基本持平。表 2-24 是 2018 年和 2019 年苏州全市高职院校毕业生岗位变动情况。图 2-19 是 2015—2019 年苏州全市高职院校毕业生岗位变动情况。

表 2-24　2018 年和 2019 年苏州全市高职院校毕业生岗位变动情况

岗位变动情况	2018 年	2019 年	增量
升迁人数/人	6 313	6 461	148
转岗人数/人	5 317	5 405	88
升迁率/%	18.32	20.63	2.31
转岗率/%	15.35	17.26	1.91

图 2-19　2015—2019 年苏州全市高职院校毕业生岗位变动情况

（三）自主创业

2019 年，苏州全市高职院校毕业生选择创业比例均值为 1.94%，较 2018 年同期下降了 0.18 个百分点。表 2-25 是 2018 年和 2019 年苏州全市高职院校毕业生创业情况。图 2-20 是 2017—2019 年苏州全市高职院校应届毕业生半年后自主创业情况。

表 2-25　2018 年和 2019 年苏州全市高职院校毕业生创业情况[①]

单位：%

院校名称	2018 年	2019 年	增幅
苏州工艺美术职业技术学院	6.20	6.26	0.06
苏州农业职业技术学院	3.40	4.13	0.73
苏州经贸职业技术学院	5.38	5.78	0.40
苏州卫生职业技术学院	1.10	1.00	-0.10
苏州市职业大学	1.40	1.43	0.03
苏州工业职业技术学院	5.83	6.09	0.26
苏州工业园区职业技术学院	0.00	0.06	0.06
苏州工业园区服务外包职业学院	0.45	0.54	0.09
沙洲职业工学院	0.12	0.10	-0.02
苏州健雄职业技术学院	3.72	2.81	-0.91
硅湖职业技术学院	0.36	0.00	-0.36
苏州托普信息职业技术学院	0.11	0.00	-0.11
昆山登云科技职业学院	0.50	1.30	0.80
苏州百年职业学院	3.67	0.00	-3.67
苏州高博软件技术职业学院	2.82	3.34	0.52
苏州信息职业技术学院	1.00	0.06	-0.94
苏州幼儿师范高等专科学校	0.00	0.00	0.00

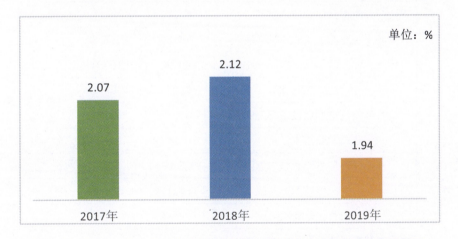

图 2-20　2017—2019 年苏州全市高职院校应届毕业生半年后自主创业情况

[①] 数据来源：苏州全市各院校年报指标数据及全国高职院校人才培养状态数据平台。

(四) 毕业 3 年后职位晋升情况

2016 届苏州全市高职院校毕业生毕业三年后有 80.17%的学生实现了职位晋升，与 2015 届毕业生情况（80.12%）基本持平。表 2-26 为苏州全市高职院校 2015 届和 2016 届毕业生毕业 3 年后的职位晋升情况。

表 2-26 苏州全市高职院校 2015 届和 2016 届毕业生毕业 3 年后的职位晋升情况

单位：%

院校名称	2015 届	2016 届	增量
苏州工艺美术职业技术学院	91.97	91.32	-0.65
苏州农业职业技术学院	100.00	100.00	0.00
苏州经贸职业技术学院	87.80	88.10	0.30
苏州卫生职业技术学院	100.00	100.00	0.00
苏州市职业大学	—	—	—
苏州工业职业技术学院	63.21	62.86	-0.35
苏州工业园区职业技术学院	76.50	77.23	0.73
苏州工业园区服务外包职业学院	100.00	100.00	0.00
沙洲职业工学院	86.95	85.36	-1.59
苏州健雄职业技术学院	91.72	91.81	0.09
硅湖职业技术学院	100.00	100.00	0.00
苏州托普信息职业技术学院	82.68	80.31	-2.37
昆山登云科技职业学院	65.11	63.41	-1.70
苏州百年职业学院	37.34	41.53	4.19
苏州高博软件技术职业学院	—	—	—
苏州信息职业技术学院	20.00	22.00	2.00
苏州幼儿师范高等专科学校	98.50	98.60	0.10

数据来源：年报指标数据。

三、职业素养（立德树人）

苏州全市高职院校历来把立德树人作为院校立足和人才培养的根本任务。2019年，苏州市教育局、苏州农业职业技术学院、苏州卫生职业技术学院、苏州工业职业技术学院、苏州工艺美术职业技术学院被评为"2018年度江苏教育新闻舆论工作表扬单位"。

（一）素质育人

2019年，苏州全市高职院校毕业生价值观整体有所提升，据数据统计分析，学生的"人生的乐观态度""积极努力追求上进""包容精神"位居前三，分别为66%、63%和57%，较2018年同期提升了2%、3%和2%。表2-27是2017—2019年苏州全市高职院校毕业生价值观数据。

表2-27 2017—2019年苏州全市高职院校毕业生价值观数据

单位：%

素质育人	2017年	2018年	2019年
人生乐观态度	62	64	66
积极努力追求上进	59	60	63
关注社会	55	57	56
包容精神	53	55	57
乐于助人参与公益	45	45	49
社会公德	47	49	49
遵纪守法	45	48	52
知恩图报	38	38	37
健康卫生	40	41	43
人文美学	31	33	33
无提升	6	7	5

【苏州农业职业技术学院】引进香山帮传承人，培养苏州园林"新工匠"

秉承"苏州园林技艺传承者"发展名片，弘扬苏州园林造园技艺，学院联合40余家园林古建龙头企业和行业协会，共建"香山工匠学院"，组建"香山帮传统建筑营造技艺培训与研究中心"，成立杨根兴（木工）、张喜平（砖雕）、郑可俊（烫样）大师工作室。先后聘请国家级非遗传承人陆耀祖等10名"香山帮传承人"担任技术技能大师，入校授艺，"为香山营造传艺，为苏州文化存根，为现代工匠铸魂"。"园林古建菁英"学徒班马钰斌、钱奎龙同学拜传承人顾阿虎为师，获2018年国家职业技能大赛"园林景观设计与施工"赛项一等奖。2019年5月，中共中央政治局委员、国务院副总理孙春兰对苏州农业职业学院将"大国工匠""请进来"的做法给予了高度评价。

【苏州经贸职业技术学院】围绕立德树人根本任务，大力实施"433"学生成才工程

学院大力实施"433"成才工程，全面助力学生成人、成长、成才。"433"工程中的"4"表示培养学生个人素养，包括指导学生参加1个社团，培养1项特长，担任1次干部，组织1次活动；"3"表示培育学生的核心技能，包括指导学生明确1个技能方向，结对1名技能导师，参加1次技能比赛；后一个"3"表示培养学生的创新精神，包括指导学生加入1个创新创业团队，完成1次创新创业实践，取得1个创新创业成果。学院教务处打通第一课堂和第二课堂，将"433"学生成才工程项目纳入各专业人才培养方案，学生工作处为每个学生规划完成"433"的时间安排和实现路径，设计制作《"433"学生成才录》，由各二级学院客观记录每一名学生参与完成"433"成才工程情况，并随毕业证书一起发放。

【苏州经贸职业技术学院】将工匠精神融于专业课程教学过程

学院挖掘工匠精神的时代内涵，始终将工匠精神深度融入专业课程教学建设过程。一是坚持人才培养方案改革，将"七个贯通"原则作为新一轮人才培养方案制订的主线，对电子商务、大数据技术应用两个试点改革专业进行了课程体系的重构，顶岗实习时间不少于 1 年。二是推进技能大师工作室建设，与国家级非物质文化遗产项目苏州缂丝技术传承人王金山合作成立学院缂丝技能大师工作室，与苏州高新区政府合作成立王成精密制造技能大师工作室，把核心课程嵌入工作室，开展现场教学。三是指导出台《学生导师制实施办法》，导师每 2~3 周要安排一次学生见面集中指导，在实训室和生产车间开展技能展示与切磋交流，培养"专注求精、深潜深耕"的工匠精神。

【苏州健雄职业技术学院】与中共太仓市委共建马克思主义学院，校地合作再上新台阶

学院党委与中共太仓市委宣传部签约共建马克思主义学院，标志着校地合作迈上新台阶。双方共建教学团队，深化教学改革，推进思想政治理论课建设；共建研究基地，以马克思主义理论为中心，加强理论和实践研究；共建新型基层智库，提升为地方决策服务的理论支撑能力；共建实践基地，推进师生了解国情、省情、市情，提高理论联系实际的能力。根据工作需要，形成定期交流机制，协调各有关单位对马克思主义学院建设的支持工作。太仓市委宣传部充分发挥自身优势，支持马克思主义学院开展工作，协调解决学院建设发展中的实际问题，为师生的挂职锻炼和社会实践提供条件，不断放大共建、共享、共赢的"叠加效应"，让马克思主义主旋律在校园唱得更响亮。

【昆山登云科技职业学院】"工匠精神"进校园

学院是培养大国工匠的摇篮，工匠进校园活动弘扬"工匠精神"，使学生直面各行各业的工匠，从而树立职业理想，增强职业信心，提高职业素养。针对工匠进校园活动，学院党委、宣传部、发展处、教务处、学生处等相关部门共同探讨，计划每月举办一场包括微课录制、拜师、成立工匠工作室、讲座、座谈、零距离、工匠墙等形式的主题系列活动。工匠进校园活动让"工匠精神"在校园真正落地生根，并能够以此作为学院对外宣传的又一特色和亮点，进而提升学院的影响力。

【苏州信息职业技术学院】党建引领，红色育匠

学院通过开展"红色工匠"党建品牌创建活动，以红色精神为引领，打造"理想崇高、信念坚定、技术一流、追求卓越"的党员教师队伍，在学生中培养"有理想信念、敢创新创造、知求真务实、能艰苦奋斗"的"红色标兵"。学院先后开展了"五牢记、五敬畏""大国工匠进校园""不忘初心、牢记使命""深化'课程思政'建设，立德树人"等活动。党员教师在江苏省教学大赛中先后取得一等奖 1 项、二等奖 3 项。"红色工匠"工作室也在党建品牌创建中迸发蓬勃生机与活力，在 2019 年江苏省高等职业院校技能大赛中获一等奖 2 项、二等奖 3 项、三等奖 3 项，并获得全国职业院校技能大赛一等奖 1 项、二等奖 1 项。

（二）思政育人

苏州全市各高职院校不仅在规模数量上而且在能力建设方面对学生工作管理人员进行提升。2019 年，全市高职院校学生管理人员为 753 人，其中在编 551 人，与 2018 年同期基本持平。专职政治辅导员 500 人，较上年同期减少了 26 人；专职心理咨询师 49 人，较 2018 年同期增加了 9 人。2019 年，全日制高职在校生总数与专职政治辅导员总数之比例为204:1，与2018年度同期基本持平。表2-28是2017—2019年苏州全市高职院校学生工作管理人员情况。

表2-28　2017—2019年苏州全市高职院校学生工作管理人员情况

单位：人

学生管理人员	2017年	2018年	2019年
合计	684	751	753
在编	529	553	551
专职政治辅导员	491	526	500
专职心理咨询师	25	40	49

为推动苏州全市高职院校学生工作管理队伍及辅导员的"职业化、专业化"发展、提升学生工作管理队伍及辅导员的职业技能和工作水平，苏州市教育局和苏州全市高职院校组织"学工联盟"，联合开展了"学生工作人员业务能力培训""工作案例征集""思想政治教育工作案例征集"等活动，组织举办了心理微海报设计大赛、辅导员素质能力大赛。这在国内地级市尚属首创，大大促进了苏州全市高职院校学工队伍的相互交流，强化了理论和实践能力。①

【苏州农业职业技术学院】加强课程思政教学，推进"全课程育人"

按照"统筹布局、分步实施、滚动发展"的思路，2019年学院全面开展课程思政教育教学改革。邀请校外专家赴校开设课程思政讲座，指导全体教师探索课程思政教学模式，发掘蕴含在专业知识中的"思政元素"，提升"全课程育人"能力。在全校开展课程思政示范课遴选建设，举办首届校级课程思政大赛，推荐优秀案例参加高层次评选。马克思主义学院刘烨老师的"爱国主义的基本含义"和园艺科技学院郝姗老师的"弘扬传统茶文化，做强新时期茶叶"入选"2019年新时代在苏高校思想政治工作助推提升计划"。

---

① 2020年苏州全市高职院校高专校长联席会议资料。

【苏州卫生职业技术学院】构建思想政治理论课三维立体教学模式，提升三全育人

为深入学习贯彻学校思想政治理论课教师座谈会精神，切实用习近平新时代中国特色社会主义思想铸魂育人，大力提升思想政治工作质量，学院在思想政治理论课建设过程中形成了理论、实践和网络相结合的"121"三维立体教学模式。"121"由1份调研报告、2个平台和1套评价体系构成。通过理论、实践和网络三种教学模式的有机融合，学院将思想政治理论课的高度、教育教学改革的力度和教书育人的温度有效地结合起来，形成了线上线下、课堂内外统一的思想政治理论课教学格局，推动了习近平新时代中国特色社会主义思想进教材、进课堂、进头脑，提升了思想政治理论课教育教学质量。

【苏州市职业大学】校地合作建设课程思政平台，双主体推进"专业+思政"双向融入

学校认真贯彻落实教育部《高校思想政治工作质量提升工程实施纲要》，建立健全"三全育人"体系，学校紧紧围绕党委提出的"理想信念教育与基本道德教育相结合""有形载体教育与无形渗透教育相结合""办实事感召教育与树先进典型教育相结合"的思政工作"三结合"目标，打通育人"最后一公里"，举行学习贯彻习近平总书记在学校思政课教师座谈会上讲话精神座谈会，召开加强与改进"思政课程"与"课程思政"教学工作座谈会，继续推动"专业+思政"双向融入课程思政教改，一学年已推出"课程思政"公开课7次，与苏州碑刻博物馆、苏州革命博物馆等单位进行深度校地合作，思政教师和专业教师两支队伍的"双主体"地位贯穿整个教学过程，讲好中国故事、苏州故事，融理念信念与生动实践教育于一体，使学校思想政治理论课的教学实效性得到整体提升，增强课程对学生的感染力、影响力，逐步推进校地合作课程思政平台建设。

【苏州高博软件技术职业学院】全面、系统、富有特色的课程思政建设

学院大力开展全面、系统的课程思政建设，努力实现价值塑造、能力培养、知识传授三位一体的教学目标。首批遴选7门课程立项，通过修订课程标准、丰富课程思政资源，大力推进教学改革。"护理生理学"课程结合生理学知识传授，帮助学生树立敬畏生命、爱护生命的人生观，认识到本专业在"健康中国"战略中的重要作用，树立服务社会、乐于助人的思想。"大学英语"课程注重对英语语言技能和思想政治素养的培养，自编课程思政英语教材，大幅增加中国历史文化、改革开放成就等方面的内容，渗透核心价值观，可以在学习英语语言技能的同时，增强道路自信、文化自信。

【苏州信息职业技术学院】用新时代、新思想创新思政课程体系建设

2019—2020年新学年起，学院在原有思政课程开设基础上，新增"时学·政治文化"课程，学院党政领导与思政课教师结对备课，带头为学生上大课、讲大势、传大道。课程围绕习近平新时代中国特色社会主义思想学习纲要、国史、党史、南社文化、吴江发展史五个课程模块进行专题讲授，坚持用习近平新时代中国特色社会主义思想铸魂育人，极大提升学院思想政治教育的亲和力和针对性，满足学生成长发展的需求和期待。与南师大的在线课程"形势与政策"结合，编写《思想政治理论课实践教程》，课堂、网络、实践"三位一体"，把全员、全过程、全方位育人落到实处，进一步提升思想政治教育实效。

【苏州农业职业技术学院】拓展思想文化教育新阵地，上好开学第一堂思政课

学院大力落实"三全育人"新要求，积极探索思政教育新形式、新内涵、新举措，高度重视思想引领阵地建设，多渠道、多形式，不断深化爱国理想信念教育。校团委充分利用好线上与线下相结合、传统与创新相结合的思想文化阵地，借助PU平台、青年之声、苏农官微、苏农团青汇等平台，利用好社会实践基地，积极开展"团学菁英""苏农菁英""信仰公开课""青马工程"等主题鲜明的思想教育活动，推进思政教育与实践课堂的融合，全力上好"开学第一堂思政课"，确保理想信念教育入脑入心。

（三）文化育人

为了解学生兴趣、挖掘学生潜能、发挥学生特长，苏州全市高职院校充分发挥学生社团的功能，指导学生积极参与校园文化建设。2019年，全市高职院校共有学生社团726个，成员达48 700余人，配套活动经费126.71万元。红十字会14个，与2018年同期持平，红十字会成员15 500余人,较2018年同期分别增加了570余人,活动经费20.60万元。志愿者/义工社团46个,志愿者/义工成员24 800余人,较2018年同期分别增加了6个、3 330余人。表2-29是2018年和2019年苏州全市高职院校社团等数据。

表2-29 2018年和2019年苏州全市高职院校社团等数据

文化育人	2018年	2019年	增量
社团/个	872	726	-146
社团成员/人	51 472	48 791	-2 681
活动经费/元	1 239 733.6	1 267 112.6	27 379
二年级在校生学生社团数/个	843	605	-238
二年级在校生参与各社团的学生人数/人	29 270	25 710	-3 560
二年级在校生科技社团数/个	0	102	102
二年级在校生科技社团学生人数/人	0	2 975	2 975
一年级在校生学生社团数/个	851	660	-191
一年级在校生参与各社团的学生人数/人	39 129	31 042	-8 087
一年级在校生科技社团数/个	0	113	113
一年级在校生科技社团学生人数/人	0	3 704	3 704
红十字会机构/个	14	14	0
红十字会成员/人	15 000	15 574	574
活动经费/元	303 136	206 092	-97 044
培训总数/人次	21 314	18 661	-2 653
获得证书数/本	1 420	1 404	-16
志愿者/义工机构/个	40	46	6
志愿者/义工成员/人	21 537	24 869	3 332
培训总数/人次	32 969	27 763	-5 206
获得证书数/本	1 860	1 116	-744
二年级学生参与志愿者活动时间/人日	68 449.8	112 491	44 041.2
一年级学生参与志愿者活动时间/人日	104 540.2	129 074	24 533.8

【苏州工艺美术职业技术学院】苏绣上榜国家级名单，获评中华优秀传统文化传承基地

2019年，教育部启动评选全国普通高校中华优秀传统文化传承基地项目，学院成为江苏省唯一上榜的高职院校，其传承项目为苏绣（苏教体艺函〔2019〕23号）。入选中华优秀传统文化传承基地，对专业建设、课程建设、师资队伍建设都有积极的助推作用。学院将继续扎实推进建设工作，对标基地建设原则、任务和要求，抓实课程建设、社团建设、工作坊建设、科学研究、辐射带动、展示交流六个环节，落实工作任务，突出育人和文化传承功能。

【苏州农业职业技术学院】礼敬中华优秀农耕文化，打造特色校园文化

学院始终坚持"兴学劝农"初心，以传承与弘扬中华优秀农耕文明为切入点，大力推动文化育人，举办"传承中华农耕文明 培育学子农心本色"主题农耕文化节，开展"中国重要农业文化遗产图片展""礼敬吴地农业先祖""江南传统稻制食品展""苏州水乡妇女服饰与稻作食品展""农耕诗词大赛""农耕文化遗产寻访"等系列校园文化活动，成立江南农耕文化研究所，举办农业文化遗产与乡村振兴学术论坛，为学生呈现中华农耕文化中的优秀成果，传递中华优秀传统文化精髓，厚植"学农、爱农、敬农、强农"的文化品位和精神内核，营造富有农耕文化特色的校园文化氛围，打造学校"江南农耕文化弘扬者"鲜明办学名片。

【苏州卫生职业技术学院】强化医学人文教育，培养"有情怀"的乡村医生

学院将医学人文教育融入医学生培养的全过程，开展了针对医学专业学生的"医学专业学生宣誓""感恩无言良师""医学的人文关怀"等医学人文教育系列活动，引导医学专业生培养良好的职业规范和职业道德，强化医学人文理念和人文素养，使他们努力成为适应新时代"有情怀"的乡村医生。在学院临床专业毕业生中涌现出周凯、王恒等大量优秀毕业生，他们在江苏省内各基层医疗岗位上找到了"归属感"。学院临床医学专业毕业生"下得去""留得住"，一定程度上缓解了基层用人荒的现状。

【苏州卫生职业技术学院】青年学习社,助力青年成长的综合服务平台

　　学院在青年骨干中开设思想引领培训班,通过院级"青马工程"青年骨干培训班,对学生政治骨干开展新思想讲座和实践教学,组织青年微团课,讲好榜样故事,自上而下辐射主题思想教育,服务青年理想信念成长。覆盖最大多数的实践拓展训练营,以社团组织创新实践训练营,社会实践增广见识,创业实践拓展思维,科技实践提升技能,由体验引反思,由浅入深发挥实践教育作用,讲好梦想故事,服务青年综合素质培养。锚定青年需要,定制关爱支持服务社、党建带团建、关工委谈心屋、心理工作坊、学生工作室,多重合力,择优发力,建设二级院系部青年自我学习站点,定期开展针对性学业、心理、资助活动,服务青年身心健康成长。

【苏州市职业大学】依托地方文化传统开展廉洁文化教育,帮助大学生扣好人生"第一粒扣子"

　　加强反腐倡廉教育是高校思想政治教育不可或缺的一环,帮助青年大学生扣好人生的"第一粒扣子",是新时期高校思想政治教育工作的根本要求。思政课程是对大学生进行廉洁廉政教育的主渠道、主阵地。学校尝试把"廉洁文化实践性教学模块"嵌入思想道德修养课程,并进行考核,计入学分,将廉政教育落到实处。依托历史悠久的吴地文化资源,借助"廉石馆"这一载体,通过文字、图片、视频、实物等媒介,直观展示吴地清官廉吏的群体风貌,将吴地独特的廉洁文化基因,如春风化雨、润物无声一般,给学生以人生启迪、价值同构、信念引领,发挥显性教育和隐性教育的协同育人功能,让学校的思政课程更接地气、更有温情、更具活力。这项创举获《扬子晚报》等多家媒体报道。

【苏州工业职业技术学院】学院开展"我为家乡廉风代言"大学生演讲活动

学院高度重视廉洁教育，从大学生抓起，开展"我为家乡廉风代言"演讲活动。16位学生选手在地图上标亮代言地区，讲述家乡的廉洁故事。学生们围绕时政要事、家国情怀、廉风故事，借用警言警语、名人逸事等旁征博引，谈廉洁认知、典型案例和大学生素养，塑造大学生廉洁人格，引导大学生参与构建廉洁奉公、诚实守信、公平正义的社会秩序。

【苏州工业职业技术学院】知书尚礼，薪火相传，弘扬优秀传统文化

学院汽车工程系自2017年起组织策划"知书尚礼"素质品牌系列活动，该系列活动分为阅读节和素质基地实践两大模块，通过阅读小组、文化讲座、社会实践等活动，结合微信公众号等新兴媒体传播传统文化精神。三年来汽车工程系开展线下传统文化教育活动20余次、社会实践活动30余次、线上新媒体推送40余次。这些活动提升了学生自身修养，增强了学生传承弘扬中华优秀传统文化的责任感和使命感，树立了学生的文化自信，有助于达到知书尚礼"汽"自华的教育目的。

【苏州健雄职业技术学院】共青团思想引领信仰公开课

为响应上级文件号召，学院团委以信仰公开课为依托，面向全院青年分层分类开展思想引领工作。在班团支部、二级学院团总支、团委三级团组织中，通过理论学习社、主题班团会、青马培训班、"校友论坛""企业讲坛""青春故事分享会"、思政专家讲堂等形式，组织开展不同类型的信仰公开课。各学院支部年度累计举办"梦想公开课""素养公开课"各6场次，校院级共22场；各学院支部年度累计举办"新思想公开课"各4场次，校院级共14场；各学院支部年度累计举办"青马公开课"共6场次，在全校范围内掀起了"青年大学习"的热潮。学院发挥红色基地、仪式浸润、朋辈引航、专家指导的作用，引导青年牢固树立理想信念，在校园中营造"人人熟知新思想、人人践行价值观、人人追寻中国梦、人人致力做青马"的良好氛围，切实发挥共青团的思想引领作用。

【苏州健雄职业技术学院】弘扬吴健雄精神，打造健雄学院特色校园文化品牌

吴健雄是世界著名物理学家，吴健雄的"爱国、创新、求实、律己"精神是中华民族优良道德的传承，也与社会主义核心价值观内在统一。以吴健雄名字命名的苏州健雄职业技术学院，始终把传承吴健雄精神作为校园文化建设的重要内容，依托吴健雄陈列馆、雕塑广场、宣传网站、研究所等平台，学习传承吴健雄精神；设立"吴健雄节"，举办主题演讲赛、辩论赛、技能大赛、创新大赛等活动，大力弘扬吴健雄精神；推进吴健雄精神"三进"工程，举办健雄大讲堂，服务大学生创业，组织志愿者活动，将吴健雄精神渗透到课堂内外，广泛践行吴健雄精神，打造以德为先的教风、学风和校风，形成健雄特色校园文化品牌，助推了高职生的健康成长与全面发展。

【硅湖职业技术学院】硅湖之夜，文化育人

经过数年精心打造，学院"硅湖之夜"讲座已经进入常态化，学院定期聘请知名专家学者、优秀企业家和企业高管、优秀校友做紧扣时代脉搏、贴近师生需求和专业前沿知识的系列讲座。2019年，学院遴选出20名优秀的中青年以上骨干教师及特聘知名老教授在每周一、三晚上固定开设"硅湖之夜"校内讲座，共计40学时。

【苏州高博软件技术职业学院】用"国旗班"引领青年学生思想教育和爱国情怀

为了更好地培养学生的爱国情怀，提升全院师生对国旗的仪式感，学校在学生里选拔了一批各方面素质优秀的退伍军人，成立了国旗班。国旗班现有成员36名，由1名退伍军人教师和35名退伍军人学生组成,他们来自不同的学院,有着相同的军旅生涯,如今为了同一个梦想,在国旗下集结,他们的青春在国旗下飞扬,他们的阳光在红色下挥洒,他们着正装英姿飒爽,换便服玉树临风。他们承担着学校每个月的升国旗仪式,他们恪守"爱国、爱旗、敬业、奉献"的宗旨,以升旗、降旗、爱旗、护旗为自己的神圣职责,用青春的汗水和真诚捍卫国旗的尊严。迎着国旗,他们可以见到清晨六点的太阳,目睹黎明破晓。扛着国旗,他们以青春的名义,坚定地奔向前方。

【苏州幼儿师范高等专科学校】学生阅读成长计划

2018—2019 学年,在全体 2018 级学生的积极参与下,学校图书馆共组织了 94 场书目阅读级考核,其中涵盖 8 本必读书目(按照计划本学年只针对学前二系及艺术系音乐教育专业学生开放)、86 本选读书目。考核形式为,图书馆在"第二课堂"网络平台上定期发布指定的必读书目和选读书目,学生进行报名阅读,阅读完成后,完成相应书目的在线测试,测试合格后,必读书目计 5 个必读学时,选读书目计 2 个选读学时,共发放必读学时 10 640 个,选读学时 16 422 个。

(四)实践育人

1.职业资格

2019 年,苏州全市高职院校毕业生获得符合专业面向的职业资格证书率达 94.03%(高级、中级、初级和无等级等 4 个系列),较 2018 年同期增加了 5.5 个百分点,其中中级及以上职业资格证书种类数/

职业资格证书种类总数的比例为 65.65%，较 2018 年同期下降了 9 个百分点。表 2-30 是 2017—2019 年苏州全市高职院校毕业生获得的职业资格证书。

表 2-30 2017—2019 年苏州全市高职院校毕业生获得的职业资格证书

单位：%

职业资格	2017 年	2018 年	2019 年
毕业生获得符合专业面向的职业资格证书率	93.54	88.53	94.03
中级及以上职业资格证书种类数/职业资格证书种类总数	75.9	74.80	65.65

2.学生获奖

2019 年，苏州全市高职院校学生获得省部级及以上技能大赛奖项 974 项、省部级及以上科技文化作品奖项 149 项，较 2018 年同期有所下降。图 2-21 是 2017—2019 年苏州全市高职院校学生在省级及以上的赛事中获奖情况。

图 2-21 2017—2019 年苏州全市高职院校学生在省级及以上的赛事中获奖情况

【苏州农业职业技术学院】突出为"农"特色，打造社会实践闪亮品牌

学院强化实践育人，以实际行动助力精准扶贫，服务乡村振兴战略，使学生在奉献农业农村的生动实践中受教育、长才干、做贡献。学院依托暑期社会实践，组织师生共同组建理论普及宣讲团、美丽中国实践团、科技支农帮扶团、教育关爱服务团、农耕文化遗产寻访团等40多支团队，走进全国各地乡镇农村、革命老区和农业生态园等，深刻感受新时代农村的喜人变化，充分发挥自身专业知识，打造一批助力乡村振兴、美丽乡村建设、革命老区发展、巡礼江南农耕文化的精品特色项目。2018年，学院荣获"江苏省五四红旗团支部""江苏省暑期三下乡社会实践先进单位"等荣誉称号，多个项目获评全国"镜头下的三下乡"优秀报道、优秀摄影奖等。

【苏州工业园区职业技术学院】依托"名师幸福生涯工作室"，探索幸福教育，创育人特色

学院成立了以优秀思政教师徐倩的名字命名的工作室——徐倩幸福生涯工作室，该工作室以生为本，整合力量，凝练特色，从"课程建设、社团活动、咨询服务"三个维度出发，通过师生共创"职业人生"及"幸福生涯"公选课，组织开展"拾梦织涯"社团活动，面向学生开展生涯团体辅导，指导学生发掘潜能、科学规划职业生涯，将"幸福"理念贯穿教育全过程，引导学生成长与发展。

【苏州健雄职业技术学院】实施"741"生命教育工程，助推学生健康成长

　　学院实施"741"生命教育工程，为学生健康成长保驾护航。开展"七项教育"：生命价值观教育、心理健康教育、应急救护教育、防艾教育、禁毒教育、青春健康同伴教育、感恩教育，为学生抵御外来"危险"撑起保护伞。推进"四融合"：将生命健康教育与思政课、法制教育、德育工作、校园文化相融合，实现健康教育全员参与、全程关注、全面帮助，为学生健康成长建立避风港。校政共建"一个生命健康教育馆"，以现代化参观体验馆为平台，创新开展健康宣教活动，为学生健康成长点亮长明灯。建馆3年来，已接待校内外参观培训16 000多人次。学院获得"江苏省爱国卫生教育基地""江苏省青春健康教育基地""苏州市大学生应急救护培训基地""苏州市毒品预防示范学校"等荣誉称号。

【苏州托普职业技术学院】让青春健康教育走进军训

　　青春健康教育是学院思想道德教育、安全稳定教育的重要组成部分。为有效提高大学生的生理和心理健康水平，让大一新生尽快适应大学生活，在新生军训期间，学院青春健康同伴社便走进新生连队开展了一系列青春健康教育活动。

　　利用新生军训间隙，学院青春健康同伴社的成员及志愿者分组为全体新生带来一场生动有趣、寓教于乐的青春健康教育。活动现场，青春健康同伴社成员采用游戏、小组讨论、问卷调查、发青春健康宣传册等多种形式，宣传正确的爱情观、青春期生理卫生知识、艾滋病预防知识等，向新生们展示积极健康的人际交往方式。

【昆山登云科技职业学院】厚植爱国情怀，牢记使命担当

学院成立了登云国旗班，利用这一载体加强对在校大学生的仪式感教育，充分展现登云学子精神强干、积极向上的精神面貌。学院开展了一系列爱国主义教育实践活动，如国旗下的讲话、主题团课、信仰公开课、主题班会、价值观教育、志愿服务、成立国防社等。学院科学化、系统化、长效化提升青年学生的思想政治素质，全力打造校园思想建设的主阵地，强化新时代青年的责任意识与担当精神。

【苏州幼儿师范高等专科学校】"未来有约定，青春不'毒'行"

学校暖阳禁毒社团成立于 2018 年 3 月，由学校团委批准通过。社团内规章制度、组织架构完善，纪律严明，现设有秘书处、活动部、宣联部等部门，在社长带领下，社员间关系团结融洽，自发进行自我管理、自我教育，积极响应国家政策、时代召唤，配合社会禁毒防毒工作，定期在校内外组织策划并开展禁毒宣传教育活动，使学生不仅对有关毒品的知识有了进一步的了解，而且对禁毒宣传的严峻形势有了更清醒的认识，增强了自我防毒、拒毒意识。暖阳禁毒社团是一个具有志愿服务性质的社团，致力于用青少年喜闻乐见的形式开展丰富多彩、有意义的活动，在拉近与青少年之间距离的同时，宣传禁毒、防毒的知识和技巧，达到提升其禁毒意识的效果，为社会禁毒工作贡献一份力量。

3. 创新创业教育

苏州全市高职院校一直高度重视创业教育工作，将创业教育列入各院校工作要点和"十三五"规划，明确了"创业教育与就业教育并重""综合素质形成和创新创业能力培养并重"的思想。为落实江苏省委、省政府和苏州市委、市政府深入推动实施创新驱动发展战略，推动创新创业高质量发展,打造"双创"升级版的决策部署,响应"2019年全国大众创业万众创新活动周暨创响中国"的系列活动。2019年,苏州高职高专院校联席会议产教联盟组织了第四届苏州高职高专院校大学生创客马拉松比赛。

大赛主题为"MakeX勇者征途赛",是以MakeX为平台的人工智能比赛,由分配件组装、Arduino编程与对抗赛三部分组成。各参赛队根据比赛组委会提供的器材,自由设计制作投石机器人,每场比赛分为红、蓝两个联盟,每个联盟分别由2支战队组成,通过两两投球对抗的形式决出优胜队。参赛的大学生选手们通过机器人的挑战赛,切身感悟到创造、协作、快乐和分享的精神理念,在团队合作中群策群力,发挥才智,收获了知识与友谊;在拼搏和汗水中创造出独特的科技作品,为自己的人生增添了一道亮丽的光彩。

经历导师辅导、创意风暴、现场制作等环节,沙洲职业工学院的"Fire队"最终夺得桂冠,获得此次大赛的特等奖。此外,比赛还产生了一等奖2名、二等奖5名、三等奖8名。

【苏州农业职业技术学院】"四向融合"双创教育模式助力创新创业结硕果

学院以"支撑现代农业率先发展,成就职业农民精彩人生"的理念构建了通识教育、专业教育、实践教育、精英教育与创新创业教育全面融合的"四向融合"双创教育模式。以创新创业课程、项目、竞赛为载体,搭建理论与实践、校内与校外、线上与线下、课堂与田间的"四结合"开放型创新创业教育实践平台,培养学生终生受用的创新精神、创造理念和创业意识,强化创业能力提升和创业实践,实现基地集教育、培训、孵化与研究于一体的综合功能。在第五届"建行杯"全国"互联网+"大学生创新创业大赛中,学院"鹊踏枝——甜品设计的爱马仕"项目荣获铜奖。在江苏省第二届大学生电子商务创新、创意及创业大赛中,学院"宠物基因检测及科学喂养"项目获特等奖,是唯一获特等奖的高职院校。

【苏州经贸职业技术学院】依托大学生创业园完善创业孵化服务体系,推进大学生创新创业

学院大学生创业园构建"创新创业苗圃—产教园—加速器"孵化链条,完善创业服务体系,配套完整的创业孵化服务。搭建了"项目孵化+过程辅导+租金扶持+管理咨询"的创业服务体系,从企业注册指导、创业政策解读、创业补贴、项目奖励等方面对大学生创业者进行全方位指导,创业园内涌现出50名大学生创业典型和创业精英。创业园还为大学生创业者提供低成本的一站式孵化服务体系,从技术支持、

第二部分 学生发展

成果转让、项目推介、资金融通、金融贷款等多个方面为企业提供全程、全方位的创业服务。目前创业园内共有学生创业企业34家,涉及旅游团建、电子商务等多个产业,总计年营业额达3 500万元。

【苏州经贸职业技术学院】推行全员育人导师制,培养学生的创新创业能力

学院推行全员育人导师制,把第一课堂与第二课堂的"两个成绩单"进行交融贯通设计。依据思想先导、专业引导、学习指导、心理疏导、职业向导的"五个标准"遴选学生导师,师生每2~3周定期会面,开展小组讨论或集体指导,同时建立了专业群内跨专业学生交流学习机制。近年来学生已获全国职业院校技能大赛一等奖2项、全国"互联网+"大学生创新创业大赛金奖1项、全国"挑战杯"创新创效创业大赛一等奖1项。

【苏州市职业大学】以"互联网+"大赛为抓手,深化创新创业教育改革

学校依托"互联网+"大赛创建新型双创教学体系,构建"活动、训练、竞赛、孵化"双创实践模式。学校与苏州市政府共建的7 900平方米"太湖众创·苏州市大学生众创空间"获得国家、省、市三级众创空间称号。2019年,学校在大学生"互联网+"创新创业大赛中获得国赛铜奖 1 个、江苏省赛二等奖 2 个，在"挑战杯"大赛中获江苏省赛特等奖 1 个、二等奖 1 个。

【苏州市职业大学】搭建多维"双创"成长平台，"挑战杯"大赛获佳绩

　　学校不断完善大学生创新创业教育的制度和平台建设，相继出台《苏州市职业大学创新创业教育改革实施方案》《苏州市职业大学"挑战杯""互联网+"竞赛管理与奖励办法》《苏州市职业大学实践创新奖励办法》，加大创新创业教育投入，加强校院两级创客中心建设，持续开展校级科技创新项目培育立项，加强对各级各类创新创业竞赛的组织与指导，培育创新创业团队，提升创新创业教育成效，先后在"互联网+""挑战杯"竞赛等国赛中取得优异成绩。"松材线虫遥感监测与疫木单株识别技术"项目获得第十六届"挑战杯"全国大学生课外学术科技作品竞赛江苏省选拔赛特等奖，"一种用于小微型零件加工的多工位夹具项目"获 2018 年"挑战杯——彩虹人生"全国职业学校创新创效创业大赛一等奖。

【沙洲职业工学院】弘扬丝路精神，共筑创业梦想

　　学院 2016 届毕业生王凤阁在校期间参加了学院跨境电商创新创业实验班，毕业后自主创办了常熟丰七贸易有限公司，致力于服务常熟服装城转型升级。2019 年，学院选送由王凤阁及其他毕业生组建的创业团队参加第五届"互联网+"大学生创新创业大赛江苏省赛，其"丝路 e 梦"项目在职教赛道中获江苏省赛二等奖。在学院经济管理系教师指导下，该项目立足于常熟服装产业集群，利用互联网、大数据，通过深度整合跨境出口贸易上下游、校企合作面向行业培育跨境运营与供应链管理人才等方式，携手中小服装制造业企业共同拓展海外国际市场，实现全球销售的目标。2018 年实现销售额 500 万元。

【昆山登云科技职业学院】邀专家讲座，提创业品位

2018—2019学年学院多次邀请专家开办讲座，例如邀请了昆山人社局许文杰科长来校做"昆山市大学生就业创业最新政策解读"讲座，旨在贯彻"大众创业、万众创新"，促进大学生创新创业工作，让创业大学生以及创业青年更加了解就业创业政策，享受就业创业扶持，在创业中明白政策，在政策中获益，进而更好地提升留昆率，为昆山的经济建设添砖加瓦。同时也邀请国家创业创新导师、中国创业SYB课程讲师张元红来学院做题为《大学生如何提升创业创新能力》的讲座，学生通过聆听讲座，懂得了在创新创业过程中如何正确处理好体验创业与真实创业的关系、创业成功与失败的关系、创业与就业的关系。

【昆山登云科技职业学院】着力创意，培养创客

学院本着"以创意项目为导向，以申请专利为目标，以参加大赛为诉求"的宗旨，创建了"创意坊"；以参加海峡两岸创客大赛的张司钰、高晓辰为核心，以创业社团成员为后盾，并与各系教研室合作，挖掘项目，组建了"创客团队"，深入探究。每月举办两场讲座，邀请校内外专家，着力创新思维训练及创意实践指导。祈愿在一年一度的海峡两岸创客大赛、各级各类创意创新大赛、学生项目申请专利等方面有所突破。

第三部分 教育教学

一、院校治理

（一）创新体制机制

截至 2019 年年底，苏州高等职业教育不仅形成了省属、市属、市（区）属高校的完备层次，还形成了公办、民办、中外合作办学等类型多样的局面。全市高职院校在上级主管部门的指导和推动下，突破所有制界限、优势互补、联合办学，探索建立多种类型的教育集团。表 3-1 是苏州全市高职院校性质一览表。

表 3-1 苏州全市高职院校性质一览表

院校名称	体制
苏州工艺美术职业技术学院	公办
苏州农业职业技术学院	公办
苏州经贸职业技术学院	公办
苏州卫生职业技术学院	公办
苏州市职业大学	公办
苏州工业职业技术学院	公办
苏州工业园区服务外包职业学院	公办
沙洲职业工学院	公办
苏州健雄职业技术学院	公办
苏州信息职业技术学院	公办
苏州幼儿师范高等专科学校	公办
苏州工业园区职业技术学院	民办
硅湖职业技术学院	民办
昆山登云科技职业学院	民办
苏州高博软件技术职业学院	民办
苏州百年职业学院	中外合作
苏州托普信息职业技术学院	民办

苏州经贸职业技术学院被选为江苏省"依法治校改革试点校"（全省 20 个，其中高职院校 4 个）。苏州工艺美术职业技术学院的"立足工艺美术重点产区，构建政行企校协同育人机制"、苏州农业职业技术学院的"学农爱农 崇农事农 打造农业类高职院校特色校园文化"和苏州健雄职业技术学院的"建设双元制教育产业园，深化产教融合教学改革"被选为江苏省高等教育综合改革试点项目（全省 30 个，其中高职院校 13 个）。

【苏州经贸职业技术学院】以"四定"管理为抓手，推进规范务实创新

学院在行政管理方面，大力推进"四定"（定事项、定流程、定目标、定责任）专项工作，以职能定事项、以事项定流程、以流程定责任、以目标追责任，充分发挥"四定"管理的转思维、转方式、转作风、提效能作用。通过"四定"管理，学院 16 个机关处室和教辅单位将 347 个职能事项梳理明晰，制度"废改立"工作取得显著成效，废止不适应新时代发展的 120 项制度，修订 93 项制度，制订绩效分配、人事考核、职称评定等 36 项改革发展急需的新制度。学院"四定"工作由学院纪委负责监督实施，最终落脚点是要求各职能部门把思想变成思维、思维变成思路、思路变成方法、方法变成做法，实现"以事谋钱、以人谋事、以事考人"的部门绩效考核目标。

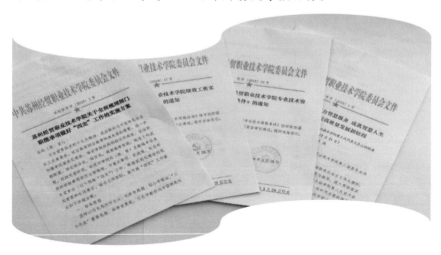

第三部分 教育教学

【苏州农业职业技术学院】完善科研管理制度，促进科研成果转化

学院不断健全科研管理制度，出台并修订了《苏州农业职业技术学院贯彻落实深化科技体制机制改革推动高质量发展若干政策的实施办法》《苏州农业职业技术学院标志性成果（项目）培育基金管理办法》《苏州农业职业技术学院青年教师科研能力提升计划资助实施办法》《苏州农业职业技术学院科技、教学成果奖励办法》等9份制度文件。从基本科研业务费中提取20%作为奖励经费；对重大产业前瞻问题进行超前部署，遴选首席专家，开展特色显著的原创性研究；扩大预算调剂权和经费使用自主权；提高项目间接费用核定比例。把发明成果在江苏省内转化获得的转让收益用于奖励研发团队的比例提高到不低于70%，在江苏省外转化获得的转让收益用于奖励研发团队的比例不低于50%，加强了科技成果转移转化激励机制建设。

【苏州农业职业技术学院】落实"科技改革30条"，推进科研高质量发展

根据江苏省委省政府《关于深化科技体制机制改革推动高质量发展若干政策》（简称"科技改革30条"），深化"放管服"改革，转变工作职能，结合学院实际情况，出台并修订了《苏州农业职业技术学院贯彻落实深化科技体制机制改革推动高质量发展若干政策的实施办法》《苏州农业职业技术学院标志性成果（项目）培育基金管理办法》《苏州农业职业技术学院青年教师科研能力提升计划资助实施办法》《苏州农业职业技术学院科研项目管理办法》《苏州农业职业技术学院科研诚信管理办法（试行）》《科研财务助理管理办法》《苏州农业职业技术科研项目经费管理办法》《苏州农业职业技术科技、教学成果奖励办法》等文件，在规范科研行为的同时最大限度地赋予科研工作者自主权，调动教职工的科研工作积极性，激励师生多出高水平科研与教学成果。同时，学院召开科技工作会议，表彰先进科技工作者，公开项目评审，最大限度地激发广大教师开展科研的热情和活力，在政策落实、质量保障、经费投入等方面为教师实施科研项目提供便利条件和优质服务，营造积极的科研氛围。

【苏州市职业大学】出台《苏州市职业大学深化创新创业教育改革实施方案》，打造"双创"教育升级版

2019年3月，学校发布《苏州市职业大学深化创新创业教育改革实施方案》（简称《方案》）。根据《方案》，到2020年年底形成学校创新创业教育生态体系，构建创新创业实践平台生态链，推动创新创业高质量发展。进一步拓展"三五五"创新创业教育体系建设内涵，完善人才队伍培育、教学与指导服务、训练与实践的三大体系，强化五位一体的教育实践模式，深化五级推进的实践路径；着力创建多元融合、渠道畅通、开放共享、保障有力的创新创业教育实践生态系统。以创新创业教育实践的改革，促进人才培养质量提升，使学生的创新精神、创业意识和创新创业能力明显增强，投身创新创业实践的学生、教师显著增加。

【苏州健雄职业技术学院】出台校外科技服务平台管理政策

为全面落实国家关于科学技术和教育改革与发展的战略，进一步加强学院服务地方经济社会发展的能力，提高基层创新能力和科技服务能力。学院制定了《苏州健雄职业技术学院校外科技服务平台管理办法》。本着集聚资源、服务地方、携手共赢的理念，以办人民满意的大学和为地方经济社会服务为宗旨，充分发挥学院学科专业建设、人才培养和科学技术研究与开发等方面的特色和优势，明确规定校外科技服务平台的设置标准、人员配置、主要职责、经费保障、检查评估、表彰奖励及撤销机制，进一步推动学院与地方政府、企业的紧密联系，促进学院各项事业跨越式发展。

【苏州健雄职业技术学院】推进院系两级管理模式下绩效考核和薪酬分配制度改革

学院近年来先后颁布了《苏州健雄职业技术学院两级管理体制改革实施办法（试行）》《苏州健雄职业技术学院绩效考核实施办法（修订）》《绩效工资实施办法（修订）》《苏州健雄职业技术学院二级单位奖励性绩效工资分配指导意见（试行）》，不断深化院系两级管理体制改革，下移管理重心，从绩效考核和绩效工资二次分配入手，增强二级单位自主发展的责任意识，赋予二级单位更多考核权和支配

权,充分发挥二级单位自主性,切实调动教职工的积极性。目前,学院还将进一步探索科学设岗、强化岗位职责和绩效考核的人事管理模式与薪酬分配新体系,努力营造人才干事创业的良好制度环境。

(二)优化大学章程

为推进依法治校、规范办学,建立现代大学制度,根据《中华人民共和国宪法》《中华人民共和国教育法》《中华人民共和国高等教育法》《中华人民共和国职业教育法》《高等学校章程制定暂行办法》等法律、法规和规章制度,苏州全市高职院校根据学院自身的提升发展工作需要,对大学章程做了进一步修订完善和深度优化,经过对全市 17 所高职院校的网站查询,仅有 3 所院校在其学院网站公示了大学章程,大部分院校仅公示了招生章程。表 3-2 是目前苏州全市高职院校在其学院网站公示大学章程的情况,表 3-3 是在江苏省教育厅网站公示了大学章程的 8 所苏州高职院校。

表 3-2 苏州全市高职院校在其学院网站公示大学章程的情况

院校名称	网站公示情况
苏州工艺美术职业技术学院	无
苏州农业职业技术学院	有
苏州经贸职业技术学院	无
苏州卫生职业技术学院	无
苏州市职业大学	无
苏州工业职业技术学院	无
苏州工业园区服务外包职业学院	有
沙洲职业工学院	无
苏州健雄职业技术学院	无
苏州信息职业技术学院	无
苏州幼儿师范高等专科学校	无

(续表)

院校名称	网站公示情况
苏州工业园区职业技术学院	无
硅湖职业技术学院	无
昆山登云科技职业学院	无
苏州高博软件技术职业学院	有
苏州百年职业学院	无
苏州托普信息职业技术学院	无

表 3-3 在江苏省教育厅网站公示了大学章程的 8 所苏州高职院校

序号	院校名称	江苏省教育厅高等学校章程核准书号
1	苏州工艺美术职业技术学院	第 11 号
2	苏州经贸职业技术学院	第 44 号
3	苏州市职业大学	第 71 号
4	苏州农业职业技术学院	第 72 号
5	沙洲职业工学院	第 73 号
6	苏州工业职业技术学院	第 74 号
7	苏州卫生职业技术学院	第 75 号
8	苏州工业园区服务外包职业学院	第 76 号

（三）完善质保体系

根据教育部办公厅《关于建立职业院校教学工作诊断与改进制度的通知》（教职成厅〔2017〕2 号）、《高等职业院校内部质量保证体系诊断与改进指导方案》（教职成司函〔2017〕168 号）和《江苏省高等职业院校内部质量保证体系诊断与改进工作方案》（苏教高〔2016〕9 号）要求，苏州全市 17 所高职院校因校制宜，均建立了常态化诊断与改进制度和自主发展机制，建立健全内部质量保证体系，进一步完善院校人才培养工作状态数据采集与管理系统。大力提升教学管理信息化能力建设，发挥数据管理和应用在诊改工作中的基础作用，健全预警和统计分析功能，使其在决策、管理、运行、监控和质量年报等工作中充分发挥作用，苏州全市高等职业院校管理信息化水平得到显著提高，为上级部门决策提供了重要依据。苏州农业职业技术学院被列入江苏省职业院校教学诊断与改进工作第二批验收院校。

【苏州健雄职业技术学院】开展专业诊断与改进，强化内部质量保障体系

为加强院校质量建设，推动学院建立常态化诊断与改进工作机制，持续提高人才培养质量，学院自2016年起建立专业诊断与改进工作制度长效机制，颁布了《苏州健雄职业技术学院专业诊断与改进工作方案》。根据教育部和江苏省教育厅要求，按照"专业自查—专家评审—诊断反馈—评后整改"的程序有序进行。学院每学年选取1~3个专业开展教学诊改工作，先后完成环境艺术设计、会计、物流管理、电子信息技术4个专业的教学诊断与改进工作，并定期与诊改专业团队沟通交流，建立起常态化、可持续的教学诊断与改进工作制度。通过内部诊改，及时、全面地了解各专业的建设基本情况，迅速找出并解决专业建设中存在的问题，实现学院教学管理水平和人才培养质量的持续提升。

（四）人才培养评估

1. 加强质量监督和保障

2019年，苏州全市高职院校共有校督导管理人员111人，较2018年度同期减少了18人；专职督导管理人员82人，较2018年度同期增加了23人。表3-4是2017—2019年苏州全市高职院校督导队伍。

表3-4 2017—2019年苏州全市高职院校督导队伍

单位：人

督导队伍	2017年	2018年	2019年
合计人数	98	129	111
在编人数	74	59	82

2. 实施质量年报发布制度

自2015年以来，苏州市教育局已连续5年进行了"苏州市高等职业教育质量年报"的专项课题研究，前4期年报均已完成，见图3-1。苏州全市17所高职院校均实施了质量年度报告信息发布制度，在各院校网站进行公示。

图3-1 苏州市高等职业教育质量年报

（五）国家优质校建设

2015年10月,教育部发布《高等职业教育创新发展行动计划(2015—2018年)》(简称《行动计划》)。《行动计划》提出，截至2018年年底，教育部将支持地方建设200所优质高职院校。此后，各地纷纷发布落实"行动计划"的实施方案，掀起了立项建设"优质校"的热潮，截至2019年2月，各省市共立项建设优质校490所。2019年7月，教育部正式公布《高等职业教育创新发展行动计划(2015—2018年)》项目认定结果，200所国家优质高职院校名单正式公布。

作为我国高等职业教育领域继"国家示范校""骨干校"建设计划之后，又一个全国范围内的高职院校提优工程，"优质校"建设自提出开始就备受关注，这反映出我国高职院校正在经历扶优扶强和优胜劣汰的发展势态（此轮"优质校"建设不同于国家"示范校"建设，强调发挥地方政府对"优质校"建设的主动性，建设资金主要由地方投入）。江苏参选的17所高职院校中，苏州农业职业技术学院成为苏州唯一入围的1所国家级优质校。

（六）江苏省高水平院校建设

2019年，苏州农业职业技术学院、苏州工艺美术职业技术学院、苏州工业职业技术学院3所院校入选"江苏省高水平高等职业院校建设单位名单"，江苏全省共有22所院校入选。

二、专业建设

（一）基本情况

1. 开设专业与开设院校情况

2019 年，苏州全市高职院校开设专业涉及一产、二产和三产的 17 个专业大类、183 个专业（不重复）、688 个专业（含方向）。开设专业（含方向）数前三位的是"财经商贸""电子信息""装备制造"3 个大类，详见表 3-5。

表 3-5 苏州全市高职院校开设专业概况

序号	专业类别代码	专业类别名称	所属产业	开设院校数/所	开设专业（方向）数/个	在校生数/人
1	51	农林牧渔大类	一产	2	18	2 326
2	52	资源环境与安全大类	三产	2	4	323
3	54	土木建筑大类	二产	13	41	5 237
4	56	装备制造大类	二产	13	116	16 261
5	57	生物与化工大类	二产	4	8	662
6	58	轻工纺织大类	二产	4	9	724
7	59	食品药品与粮食大类	二产	6	9	1 385
8	60	交通运输大类	三产	7	25	3 152
9	61	电子信息大类	三产	14	133	17 735
10	62	医药卫生大类	三产	2	16	9 761
11	63	财经商贸大类	三产	15	136	23 828
12	64	旅游大类	三产	14	31	3 290
13	65	文化艺术大类	三产	15	84	11 377
14	66	新闻传播大类	三产	6	8	645
15	67	教育与体育大类	三产	12	36	5 255
16	68	公安与司法大类	三产	2	2	293
17	69	公共管理与服务大类	三产	8	12	1 331

2.产业结构对应情况

从产业结构来看，2019 年，苏州全市 17 所高职院校中共有 2 所院校开设了与第一产业相关的 18 个专业（含方向），开设与第二产业相关专业的院校有 14 所，开设了 183 个专业（含方向），全市 17 所高职院校均开设了第三产业相关专业，开设专业（含方向）数达 487 个，详见表 3-6。

表 3-6 苏州全市高职院校开设专业相关产业概况

产业类别	开设院校数/所	专业大类/个	开设专业方向数/个
一产	2	1	18
二产	14	6	183
三产	17	10	487

（二）专业动态调整

基于苏州市地方经济和产业结构转型升级需求，苏州全市高职院校加大了专业调整力度，对专业进行了新增和撤销等结构优化改革。2019 年，苏州全市高职院校新增专业 55 个，停招专业 33 个，撤销专业 10 个，详见表 3-7。

表 3-7 2018 年和 2019 年专业动态调整情况

单位：个

专业动态调整	2018 年	2019 年	增量
新增专业	66	55	-11
停招专业	33	33	0
撤销专业	12	10	-2

（三）江苏省级及以上重点特色专业

2019年，苏州全市高职院校共有省级及以上重点特色专业123个，约占江苏全省总数的30%。表3-8是2019年苏州市高职与江苏省高职的重点专业、特色专业数量一览。图3-2是苏州全市高职院校重点专业、特色专业在江苏省内占比情况。

表3-8 2019年苏州市高职与江苏省高职的重点专业、特色专业数量

	国家级重点专业	国家级特色专业	省级重点专业	省级特色专业	合计
江苏省/个	105	13	169	124	411
苏州市/个	27	0	62	34	123
苏州占江苏全省比例/%	25.7	0.0	36.7	27.4	29.9

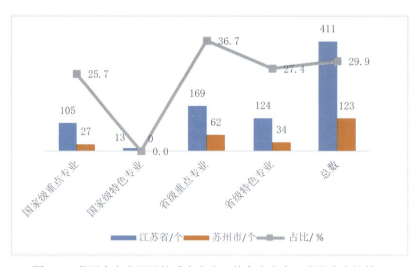

图3-2 苏州全市高职院校重点专业、特色专业在江苏省内占比情况

（四）江苏省级高校品牌专业验收

自 2015 年以来，苏州全市高职院校立项创建了江苏省高校品牌专业建设工程一期项目 11 个品牌专业，详见表 3-9。图 3-3 是苏州全市立项创建品牌专业的高职院校情况。2019 年，通过江苏省教育厅组织专家评审、现场汇报等过程，苏州市高职院校获得了 4 个"优秀"、5 个"良好"的成绩，顺利通过了江苏省高校品牌专业一期工程的期末验收。图 3-4 是江苏省部分地区高职院校创建品牌专业项目概况。

表 3-9　江苏省部分地区高职院校品牌专业建设工程一期项目建设概况

设区市	项目数/个	占省内总比情况/%	A 类/个	B 类/个	C 类/个
南京市	17	24.29	4	7	6
苏州市	11	15.71	4	5	2
无锡市	9	12.86	3	3	3
常州市	9	12.86	1	4	4

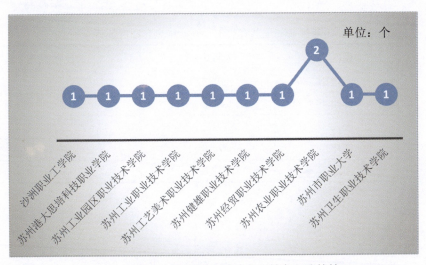

图 3-3　苏州全市立项创建品牌专业的高职院校情况

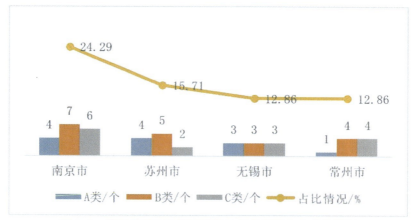

图 3-4 江苏省部分地区高职院校创建品牌专业项目概况

（五）江苏省级重点专业群验收

苏州全市有 15 所高职高专院校立项创建了 36 个江苏省重点专业群，项目数占全省（202 项）比例的 17.82%，并于 2018 年全部顺利通过省级验收，详见表 3-10。图 3-5 是苏州全市高职院校专业群建设项目数概况。2019 年，苏州全市 36 个专业群全部通过省级验收。

表 3-10 江苏省"十二五"重点专业群创建专项情况

设区市	项目数/个	占比情况/%
南京市	45	22.28
苏州市	36	17.82
无锡市	25	12.38
常州市	19	9.41
南通市	16	7.92

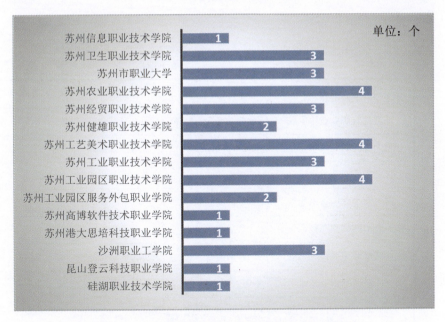

图 3-5　苏州全市高职院校专业群建设项目数概况

（六）国家级专业群——"双高计划"

"职教 20 条"提出，要启动实施中国特色高水平高等职业学校和专业建设计划（简称"双高计划"），建设一批引领改革、支撑发展、中国特色、世界水平的高等职业学校和骨干专业（群）。2019 年 12 月 18 日，教育部、财政部正式公布"双高计划"第一轮建设单位名单，全国共 197 所高职院校入选（56 所高职院校入选高水平学校、141 所高职院校入选高水平专业群）。2019 年，在中国特色高水平高职学校和专业建设计划项目中，苏州工艺美术职业技术学院的工艺美术品设计专业、苏州农业职业技术学院的园林工程技术专业和苏州工业职业技术学院的智能控制技术专业入选国家级"高水平专业群"。表 3-11 是江苏省高职院校入选中国特色高水平高等职业学校和专业建设计划情况。

表 3-11　江苏省高职院校入选中国特色高水平高等职业学校和专业建设计划情况

学校名称	专业群名称	类别	档次	省份	市区
江苏建筑职业技术学院	建筑装饰工程技术	高水平专业群	A	江苏	徐州
常州工程职业技术学院	应用化工技术	高水平专业群	B	江苏	常州
江苏工程职业技术学院	现代纺织技术	高水平专业群	B	江苏	南通
江苏海事职业技术学院	航海技术	高水平专业群	B	江苏	南京
江苏食品药品职业技术学院	食品加工技术	高水平专业群	B	江苏	淮安
南通航运职业技术学院	航海技术	高水平专业群	B	江苏	南通
苏州工艺美术职业技术学院	工艺美术品设计	高水平专业群	B	江苏	苏州
苏州农业职业技术学院	园林工程技术	高水平专业群	B	江苏	苏州
南京铁道职业技术学院	铁道交通运营管理	高水平专业群	C	江苏	南京
南通职业大学	建筑工程技术	高水平专业群	C	江苏	南通
苏州工业职业技术学院	智能控制技术	高水平专业群	C	江苏	苏州
无锡商业职业技术学院	市场营销	高水平专业群	C	江苏	无锡
徐州工业职业技术学院	高分子材料工程技术	高水平专业群	C	江苏	徐州

（七）国家级骨干专业认定

2019年7月，教育部发布了"关于公布《高等职业教育创新发展行动计划（2015—2018年）》项目认定结果的通知（教职成函〔2019〕10号）"，苏州全市有11所高职院校的48个专业点被认定为"国家级骨干专业"，占江苏省的国家级专业数的17.27%，详见表3-12。

表 3-12　高等职业教育创新发展行动计划（2015—2018 年）项目认定一览

序号	项目名称	院校名称	数量/个
1	骨干专业	苏州工艺美术职业技术学院	6
2		苏州农业职业技术学院	7
3		苏州经贸职业技术学院	6
4		苏州卫生职业技术学院	6
5		苏州市职业大学	4
6		苏州工业职业技术学院	6
7		苏州工业园区职业技术学院	4
8		苏州工业园区服务外包职业学院	3
9		沙洲职业工学院	2
10		苏州健雄职业技术学院	3
11		苏州百年职业学院	1

此外，苏州工业职业技术学院的机电一体化技术专业被评选为全国职业院校装备制造类示范专业。

【苏州经贸职业技术学院】企业参与学院人才培养全过程，构建校企协同育人新模式

学院与苏州集优美日化有限公司开展校企合作，参与包括专业实践教学、实训实习、人才培养方案的制订与完善、课程体系的重构在内的人才培养全过程。企业每年选派优秀员工作为兼职教师参与课堂教学，选派企业的骨干成员30人次以上参与学生创新创业、毕业设计（论文）、技能竞赛、实训实践等项目，每年针对全院学生开展2次以上创业讲座。学院每年组织100人次以上的学生进入集优美公司跟岗实习或实训，在生产、服务第一线接受企业管理，在实际生产岗位上接受企业教师手把手的指导，真实开展企业运营业务，有效锻炼了学生的营销能力和团队协作精神。在2019年"京东618"大促期间，市场营销专业的学生为企业实现了1 000万元的销售业绩。

【苏州工业职业技术学院】"五阶"打造拔尖人才培养

学院应用电子技术专业结合学生专业特质、未来岗位特性以及人才发展特征,通过三年实践,制订"五阶"措施,培养拔尖人才。阶段一:利用社团锻炼通识,经选拔加入 iMaker 创新工作室。阶段二:导师引领开发项目,进行职业素质培养,锻炼实力。阶段三:根据学生能力特长,制定赛事目标,进行专项教育。阶段四:加强职业技能教育,通过职业技能大赛考核学生实践能力。阶段五:开发学生创新思维,通过创新创业大赛及海峡两岸核心技能大赛进一步提升学生的发展潜力。学院通过以上"五阶"措施,协调"科学与人文,教学与科研,海内与海外"的可持续发展,深化个性化战略、国际化战略、教育创新战略,激发学生学习、研究、创新、创造的潜力、动力和活力,引领并激励拔尖人才的成长。

【苏州工业职业技术学院】推进"五教合一"产教融合人才培养模式,教学成果获国家教学成果一等奖

"产教融合"是专业建设的助推器、促进就业的稳定器和人才红利的催化器。学院始终坚持"主攻智能制造选企业、主打产教融合育人才、主谋高职本色显成效"的思路,以"典型企业—典型产品—典型教室—典型案例—典型教材—典型教案—典型研发中心"为主线,构建生产与教学相融合的实施路径,打造"能生产会教学"的教师团队、"真项目活知识"的教学资源、"真实车间移动黑板"的教学场所、"真产品分模块"的教学方法与设计、"职业素养教育规范"的教风学风,形成教学要素通过生产项目有机融为一体的"五教合一"人才培养新模式。创新成果先后获得江苏省教学成果特等奖、国家教学成果一等奖,被中央电视台、《新华日报》《光明日报》《中国教育报》《江苏教育报》《扬子晚报》等媒体全方位、深层次报道。

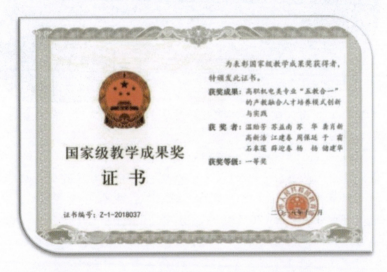

【苏州工业园区职业技术学院】探索工作室制教学模式的教学方法,培育工匠精神

学院数字艺术系依托"非遗传承"及"陶艺"等工作室,设计创作相关的文创产品,开展和文创有关的教学与研究、设计与创作。工作室制教学模式通过开放式教学、体验式教学,充分调动了学生的学习兴趣,促进学生将理论知识转化为实践能力,在培养学生的创新精神、创业意识,锻炼学生团队协作能力、交流沟通能力以及综合职业技能的同时,也在传播"匠人精神"、弘扬中国传统文化、帮助学生坚定文化自信方面起到了非常积极的作用。

【苏州工业园区服务外包职业学院】找准"靶点",学分制改革激活学生学习动力

苏州工业园区服务外包职业学院坚持"为产业办教育"的办学宗旨,提出"跨界融合"的人才培养理念,着眼于培养出能够跨界融合的"斜杠人才",找准改革的"靶点",完全实行学分制,除了 10 个德育学分外,在 120 个课内学分中,有 72 个选修学分可以由学生自主选择科目,同时要求各专业学生必须文科、理科、艺术专业互选达 6 个学分。建成了"分层多元,跨界互选"个性化课程体系,学生选课实现了"选我所爱""爱我所选",增强了学习动力,为培养跨界融合型人才奠定了基础。

【沙洲职业工学院】校企融合嵌入式课堂教学见实效

2019 年 4 月 9 日上午 10 点,学院动力楼 312 实训室内,机电工程系 2017 机电班的全体学生迎来了一位"外教"——那智不二越(江苏)精密机械有限公司董事长浜本智。其一句不太流利的中国话开场白"同学们,你们好,我是浜本智,今天由我们来给大家上课!"带来了满堂掌声。此次校企融合嵌入式课堂授课内容是"质量管理",主讲人是企业的技术骨干程威高级工程师,浜本智董事长负责答疑解惑,学院机电教研室主任秦艳全程对接。课后,学生即时填写了企业设计的课程兴趣度和满意度两份调查表,反馈教学效果。学院机电专业嵌入式课堂授课已进行了 6 年,教学模式、教学内容不断改进,围绕轴承、切削刀具与加工技术、机床与加工技术、液压与应用、品质控制、机器人与周边技术等核心专业内容与企业需求，共有机电一体化技术、机电设备与维修管理、机械制造与自动化、数控技术、模具设计与制造等多个专业的 400 余名学生参与学习。

【苏州健雄职业技术学院】实行分层、分类、分段的线上线下混合实践教学模式

苏州健雄职业技术学院思想政治理论课围绕在线开放课程实施根据实践难度分为不同层次、根据不同专业分为不同类型、根据不同年级分为不同阶段的分层、分类、分段、三维度三结合的特色鲜明的实践教学。学院结合学生知识水平、专业特长和社会需求开展线上研讨、主题活动、社会调研、思政社会实践能力大赛等线上线下混合式实践教学活动。截至 2019 年 8 月底，苏州健雄职业技术学院"思想道德修养与法律基础"入选苏州市高级和江苏省省级在线开放课程。

【苏州健雄职业技术学院】以竞赛为驱动，提升育人水平

第一，以赛促教。学院组织教师全员参与各级教学比赛，锤炼教学技能。截至 2019 年 10 月底，学院已获得苏州市市级比赛一等奖 3 次，江苏省省级比赛一等奖 1 次、二等奖 3 次，1 位老师入围首届全国思想政治理论课教学决赛。第二，以赛促学。学院通过开展吟诵经典比赛、思政课社会实践项目展示大赛等活动提升学生的参与度，通过打造"第二课堂"巩固学习成果。第三，以赛促建。学院以备战国家和江苏省信息化比赛为契机，依托超星、泛雅和爱课程等平台建设课程资源库，打造"线上+线下"交互教学模式，已成功跻身苏州市市级教学平台、江苏省"十三五"高等学校在线开放课程建设行列。

【硅湖职业技术学院】"完全学分制下的选课制"改革模式

为全面贯彻"立德树人、产学一体，培养具有创业精神和能力的高端技术技能人才"的办学理念，落实"一体两翼"育人战略，硅湖职业技术学院从 2019 级开始启动"完全学分制下的选课制"改革模式。学院出台了【硅教字】〔2019〕28 号文《硅湖职业技术学院关于制订人才培养方案的指导意见》和《硅湖职业技术学院学分制管理办法》。在此基础上，根据最新文件精神，制订了 2019 级学生的完全学分制人才培养方案，在 2019 级学生中推行不低于 30%学分的自由选课。同时，实行全院全员导师制，根据学生的专业发展规划、学习兴趣和爱好，帮助每一个学生实现个人定制化指导和培养。

【昆山登云科技职业学院】开展专业认证，专业建设赋予了新内涵

专业认证是学院 2019 年的一项重点工程，也是后示范时期的建设项目。学院率先在机电一体化、建筑工程技术两个专业中进行首批 IEET 工程专业认证试点。近一年来，2 个专业团队认真对照 IEET 认证标准，严格遵循工程技术认证的 9 个规范，逐项对标，逐项修改。学院教务处多次参与规范的研讨，制定学业警示制度，提供资料支持。经过团队艰辛而卓有成效的努力，专业认证工作赢得了验收专家的高度好评。更为可贵的是，认证经验为全院专业建设提供了有力的示范作用，开创了专业建设的新内涵。

三、师资队伍

（一）专任师资队伍

1.总体情况

2019 年，苏州全市高职院校校内专任教师总数为 4 835 人，较 2018 年增加了 81 人。江苏省级及以上教学名师 10 人，与 2018 年持平。具有高级职务教师占专任教师的 35%，较 2018 年下降了 1.73 个百分点。专任教师双师素质人数为 3 856 人，较 2018 年增加了 154 人，具有双师素质专任教师数/专任教师数的比例为 75.49%，较 2018 年上升了 1.22 个百分点。博士研究生 333 人，较 2018 年增加了 23 人；硕士研究生 1 945 人，较 2018 年增加了 89 人。具有博士学位的有 331 人，较 2018 年增加了 24 人；具有硕士学位的有 3 200 人，较 2018 年增加了 67 人。45 岁以下的专任青年教师 3 533 人，较 2018 年增加了 105 人，其中具有研究生学历或硕士及以上学位人数达 2 950 人，较 2018

年增加了105人。2018年和2019年苏州全市高职院校专任师资队伍建设情况参见表3-13。

表3-13 2018年和2019年苏州全市高职院校专任师资队伍建设情况

苏州市高职院校校内专任师资队伍		2018年	2019年	增量
规模总数/人		4 754	4 835	81
性别结构	女人数/人	2 033	2 033	0
	男人数/人	2 721	2 802	81
年龄结构	35岁及以下人数/人	1 326	1 458	132
	36—45岁人数/人	2 207	2 193	-14
	46—60岁人数/人	1 120	1 101	-19
	61岁及以上人数/人	101	83	-18
专业技术职务结构	高级人数/人	1 741	1 864	123
	中级人数/人	2 135	2 084	-51
	初级人数/人	344	366	22
	其他人数/人	534	506	-28
学历结构	博士研究生人数/人	310	333	23
	硕士研究生人数/人	1 856	1 945	89
	大学人数/人	2 542	2 517	-25
	专科人数/人	44	38	-6
	专科以下人数/人	2	2	0
学位结构	博士人数/人	307	331	24
	硕士人数/人	3 133	3 200	67
	学士人数/人	1 023	1 000	-23
	双师素质人数/人	3 702	3 856	154
	专任青年教师(45岁以下)人数/人	3 428	3 533	105
	研究生学历或硕士及以上学位人数/人	2 845	2 950	105
平均教学工作量/学时		325.1	286.15	-38.95
平均周学时/学时(按38周计算)		8.6	7.54	-1.06
具有高级职务教师占专任教师的比例/%		36.73	35.00	-1.73
具有双师素质专任教师数/专任教师数/%		74.27	75.49	1.22

（续表）

苏州市高职院校校内专任师资队伍	2018年	2019年	增量
专任教师获技术专利数/专任教师/%	8.62	7.02	-1.60
江苏省级及以上教学名师数/人	10	10	0
兼职教师承担校内实践技能课教学工作量/兼职教师的教学工作总量/%	96.32	97.80	1.48

2.专任教师规模变动情况

2019年,苏州全市各高职院校专任师资队伍共有4 835人,较2018年增加了81人。表3-14是2018年和2019年苏州全市高职院校专任教师规模变动情况,表3-15是2019年苏州全市高职院校专任教师流动情况,表3-16是2018年和2019年江苏省及部分地区高职院校专任教师变动情况,表3-17是2019年江苏省及部分地区高职院校专任教师流动情况。

表3-14 2018年和2019年苏州全市高职院校专任教师规模变动情况

单位：人

序号	名称	2018年	2019年	增量
1	苏州工艺美术职业技术学院	294	296	2
2	苏州农业职业技术学院	438	451	13
3	苏州经贸职业技术学院	381	382	1
4	苏州卫生职业技术学院	405	411	6
5	苏州市职业大学	793	800	7
6	苏州工业职业技术学院	354	351	-3
7	苏州工业园区职业技术学院	203	201	-2
8	苏州工业园区服务外包职业学院	185	182	-3
9	沙洲职业工学院	226	226	0
10	苏州健雄职业技术学院	243	248	5
11	硅湖职业技术学院	280	315	35

（续表）

序号	名称	2018年	2019年	增量
12	苏州托普信息职业技术学院	160	159	-1
13	昆山登云科技职业学院	246	219	-27
14	苏州百年职业学院	68	71	3
15	苏州高博软件技术职业学院	195	193	-2
16	苏州信息职业技术学院	198	231	33
17	苏州幼儿师范高等专科学校	85	99	14
	合计	4 754	4 835	81

表3-15　2019年苏州全市高职院校专任教师流动情况

单位：人

序号	名称	引入	流出	增量
1	苏州工艺美术职业技术学院	14	9	5
2	苏州农业职业技术学院	35	18	17
3	苏州经贸职业技术学院	19	17	2
4	苏州卫生职业技术学院	29	23	6
5	苏州市职业大学	28	19	9
6	苏州工业职业技术学院	6	8	-2
7	苏州工业园区职业技术学院	17	17	0
8	苏州工业园区服务外包职业学院	2	4	-2
9	沙洲职业工学院	5	4	1
10	苏州健雄职业技术学院	12	7	5
11	硅湖职业技术学院	78	41	37
12	苏州托普信息职业技术学院	29	25	4
13	昆山登云科技职业学院	46	73	-27
14	苏州百年职业学院	17	12	5
15	苏州高博软件技术职业学院	30	32	-2
16	苏州信息职业技术学院	35	2	33
17	苏州幼儿师范高等专科学校	27	13	14
	合计	429	324	105

表 3-16 2018 年和 2019 年江苏省及部分地区高职院校专任教师变动情况

单位：人

区域	2018 年	2019 年	增量
江苏省	34 613	35 747	1 134
南京市	11 464	11 463	-1
无锡市	3 405	3 509	104
常州市	2 801	2 921	120
苏州市	4 754	4 835	81

表 3-17 2019 年江苏省及部分地区高职院校专任教师流动情况

单位：人

区域	引入	流出	增量
江苏省	9 368	8 245	1 123
南京市	4 944	4 945	-1
无锡市	321	217	104
常州市	712	592	120
苏州市	429	324	105

3.专任教师授课情况

2019 年，苏州全市高职院校专任教师中授课教师占 92.06%，与 2018 年基本持平（2018 年同期 92.91%），未授课教师占 7.94%。表 3-18 是 2019 年苏州全市高职院校专任教师授课情况，表 3-19 是 2018 年和 2019 年苏州全市高职院校专任教师授课情况，表 3-20 是 2019 年江苏省及部分地区高职院校专任教师授课情况。

表3-18　2019年苏州全市高职院校专任教师授课情况

院校名称	当年数量 人数/人	授课教师 人数/人	授课教师 比例/%	未授课教师 人数/人	未授课教师 比例/%	有授课但非专任教师 人数/人	有授课但非专任教师 比例/%	副高以上专任教师 人数/人	副高以上专任教师 比例/%	副高以上专任教师未授课 人数/人	副高以上专任教师未授课 比例/%
苏州工艺美术职业技术学院	296	281	94.93	15	5.07	0	0.00	140	47.30	9	6.43
苏州农业职业技术学院	451	409	90.69	42	9.31	0	0.00	209	46.34	16	7.66
苏州经贸职业技术学院	382	366	95.81	16	4.19	0	0.00	158	41.36	7	4.43
苏州卫生职业技术学院	411	367	89.29	44	10.71	0	0.00	157	38.20	12	7.64
苏州市职业大学	800	683	85.38	117	14.63	0	0.00	372	46.50	65	17.47
苏州工业职业技术学院	351	335	95.44	16	4.56	0	0.00	117	33.33	13	11.11
苏州工业园区职业技术学院	201	185	92.04	16	7.96	0	0.00	86	42.79	6	6.98
苏州工业园区服务外包职业学院	182	168	92.31	14	7.69	0	0.00	68	37.36	11	16.18
沙洲职业工学院	226	191	84.51	35	15.49	0	0.00	117	51.77	19	16.24
苏州健雄职业技术学院	248	248	100.00	0	0.00	0	0.00	98	39.52	0	0.00
硅湖职业技术学院	315	312	99.05	3	0.95	0	0.00	122	38.73	2	1.64
苏州托普信息职业技术学院	159	154	96.86	5	3.14	0	0.00	16	10.06	1	6.25

(续表)

院校名称	当年数量 人/人	授课教师 人数/人	授课教师 比例/%	未授课教师 人数/人	未授课教师 比例/%	有授课但非专任教师 人数/人	有授课但非专任教师 比例/%	副高以上专任教师 人数/人	副高以上专任教师 比例/%	副高以上专任教师未授课 人数/人	副高以上专任教师未授课 比例/%
昆山登云科技职业学院	219	219	100.00	0	0.00	0	0.00	44	20.09	0	0.00
苏州百年职业学院	71	67	94.37	4	5.63	0	0.00	6	8.45	0	0.00
苏州高博软件技术职业学院	193	178	92.23	15	7.77	0	0.00	74	38.34	5	6.76
苏州信息职业技术学院	231	194	83.98	37	16.02	0	0.00	66	28.57	6	9.09
苏州幼儿师范高等专科学校	99	99	100.00	0	0.00	0	0.00	32	32.32	0	0.00

表 3-19　2018 年和 2019 年苏州全市高职院校专任教师授课情况

单位：%

比例	2018 年	2019 年	增量
授课教师比例	92.91	92.16	-0.75
未授课教师比例	7.09	7.84	0.75
副高以上专任教师比例	36.73	38.92	2.19
副高以上专任教师未授课比例	8.30	9.14	0.84

表 3-20　2019 年江苏省及部分地区高职院校专任教师授课情况

单位：%

区域	授课教师占比	未授课教师占比	副高以上专任教师占比	副高以上专任教师未授课占比
江苏省	86.63	13.37	38.48	15.17
南京市	84.24	15.76	37.99	20.39
无锡市	94.47	5.53	40.70	6.51
常州市	90.00	10.00	39.51	10.49
苏州市	92.16	7.84	38.92	9.14

4. 专业课程授课情况

2019 年，苏州全市高职院校专业课程授课占比 100.25%，较 2018 年增加了 1.79 个百分点，其中，苏州工业园区服务外包职业学院和昆山登云科技职业学院的专业课授课占比均高于计划开课数，分别达到了 150.95% 和 100.17%，详见表 3-21。表 3-22 是 2018 年和 2019 年苏州、无锡、常州等地高职院校专业课授课情况。

表 3-21 2018 年和 2019 年苏州全市高职院校专业课授课情况

单位：%

专业课授课比例	2018 年	2019 年	增量
苏州工艺美术职业技术学院	96.23	97.72	1.49
苏州农业职业技术学院	81.16	93.14	11.98
苏州经贸职业技术学院	95.11	100.00	4.89
苏州卫生职业技术学院	100.98	99.51	-1.47
苏州市职业大学	96.07	95.09	-0.98
苏州工业职业技术学院	100.00	100.00	0.00
苏州工业园区职业技术学院	98.47	100.00	1.53
苏州工业园区服务外包职业学院	137.20	150.95	13.75
沙洲职业工学院	100.00	100.00	0.00
苏州健雄职业技术学院	100.00	99.35	-0.65
硅湖职业技术学院	99.83	100.00	0.17
苏州托普信息职业技术学院	99.65	100.00	0.35
昆山登云科技职业学院	101.86	100.17	-1.69
苏州百年职业学院	101.48	100.00	-1.48
苏州高博软件技术职业学院	100.00	100.00	0.00
苏州信息职业技术学院	96.01	97.32	1.31
苏州幼儿师范高等专科学校	99.18	100.00	0.82
均值	98.45	100.25	1.79

表 3-22 2018 年和 2019 年江苏省及部分地区高职院校专业课授课情况

单位：%

区域	2018 年	2019 年	增量
江苏省	94.75	94.29	-0.46
南京市	86.79	87.15	0.36
无锡市	98.60	97.14	-1.46
常州市	104.40	104.30	-0.10
苏州市	98.45	100.25	1.80

5.专任教师培养

（1）专业负责人/带头人培养。2019年，苏州全市17所高职院校专业带头人共452人，较2018年增加了10人。专业负责人共404人，较2018年减少了20人。2019年，专业带头人担任该岗位的平均工作年限为5.8年，较2018年下降了1.8年，专业负责人担任该岗位的平均工作年限为4.9年，较2018年下降了1.8年，图3-6是2018年和2019年专业负责人及带头人建设情况。

图3-6　2018年和2019年专业负责人及带头人建设情况

（2）建设经费。2019年，苏州全市高职院校师资队伍建设投入经费为6 766.82万元，较2018年增加了489.03万元，占当年经费总支出的2.05%，经费投入占比较2018年同期上涨了0.13个百分点。图3-7是2017—2019年苏州全市高职院校师资队伍建设经费投入情况。

图 3-7　2017—2019 年苏州全市高职院校师资队伍建设经费投入情况

（3）师资队伍建设主要成效。2019 年，具有高级职务教师占专任教师的 35%，较 2018 年上涨了 1.65 个百分点；具有双师素质专任教师数/专任教师数为 75.49%，较 2018 年上涨了 1.22 个百分点；专任教师获技术专利数/专任教师数为 7.02%，较 2018 年下降了 1.6 个百分点，具体如图 3-8 所示。

图 3-8　2018 年和 2019 年苏州全市高职院校师资队伍建设情况

【苏州工业职业技术学院】推进"五教合一"改革,创建结构化教师教学创新团队

学院围绕地方产业发展需求,跨专业组建集人才培养、技术服务于一体的工业机器人技术创新团队;通过深化"教师、教材、教法、教室、教风学风"的"五教合一"改革,重构项目全流程的"模块-X 融合"课程体系及课程标准与资源,探索团队建设模式,建立专业教学与教师发展标准。团队开展的"五教合一"教学实践获得职业教育国家教学成果一等奖;团队成员主持国家重点研发计划,与企业共建了全国第一个 3C 领域国家智能制造项目(车间);组建全国机械行业机器人与智能制造创新中心,近 3 年为企业解决技术问题或承担设备改造与升级项目 132 项,直接收益 3 283 万元,间接经济效益超亿元。学院工业机器人技术团队被批准立项为首批国家级职业教育教师教学创新团队。

(二)兼职师资队伍

1. 规模及授课

2019 年,苏州全市高职高专院校共计聘请了 3 331 位校外兼职教师和 313 位校外兼课教师,分别较 2018 年同期增加了 84 人和 60 人。校外兼职教师共计授课 395 146 学时,较 2018 年同期增加了 17 354 学时。校外兼课教师共计授课 38 529 学时,较 2018 年同期减少了 3 252 学时。兼职教师承担校内实践技能课教学工作量/兼职教师的教学工作总量比例为 97.8%,较 2018 年同期上升了 1.48 个百分点。图 3-9 是 2018 年和 2019 年校外兼职/兼课教师规模及授课课时情况。

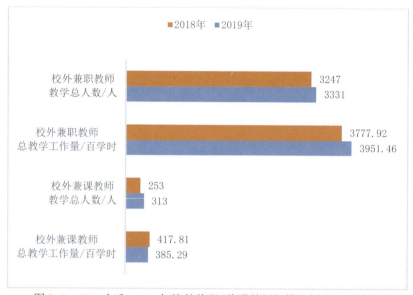

图 3-9 2018 年和 2019 年校外兼职/兼课教师规模及授课课时情况

2. 建设经费

2019 年，苏州全市高职院校聘请兼职教师的经费达 3 000.64 万元，较 2018 年增加了 140.88 万元，同期经费投入占总经费的比例上涨了 0.04 个百分点。图 3-10 是 2018 年和 2019 年苏州全市高职院校兼职教师建设经费投入情况。

图 3-10 2018 年和 2019 年苏州全市高职院校兼职教师建设经费投入情况

3. 产业教授（兼职）

2019年，苏州全市高职院校大力开展产业教授选聘，全市共有11所高职院校的24位企业专家入选"江苏省高职院校类产业教授（兼职）选聘名单"，详见表3-23。

表3-23　2019年入选"江苏省高职院校类产业教授（兼职）选聘名单"的24位企业专家

序号	姓名	所在单位名称	受聘高校名称
1	郑丽卿	苏州泰事达检测技术有限公司	苏州农业职业技术学院
2	左建明	苏州市留园管理处	苏州农业职业技术学院
3	杨根兴	苏州蒯祥古建园林工程有限公司	苏州农业职业技术学院
4	谢明	南京市妙手机电科技有限公司；新加坡南洋理工大学	苏州工业职业技术学院
5	魏海峰	无锡一苇渡江电子有限公司	苏州工业职业技术学院
6	夏兴隆	苏州易泰勒电子科技有限公司	苏州工业职业技术学院
7	朱琳	波司登国际控股有限公司	苏州工艺美术职业技术学院
8	季春华	苏州金螳螂建筑装饰股份有限公司	苏州工艺美术职业技术学院
9	凌勇	苏州林达广告有限公司	苏州工艺美术职业技术学院
10	汤晓红	苏州市高新区汤晓红刺绣工作室	苏州工艺美术职业技术学院
11	张家奇	浩科机器人（苏州）有限公司	苏州健雄职业技术学院
12	白慧星	苏州先创流体控制技术有限公司	苏州健雄职业技术学院
13	徐钊	苏州恒丰进出口有限公司	苏州经贸职业技术学院
14	高苏新	苏州云联智慧信息技术应用有限公司	苏州市职业大学
15	周伟达	苏州思必驰信息科技有限公司	苏州市职业大学
16	吴昕	苏州金唯智生物科技有限公司	苏州工业园区服务外包职业学院
17	殷毅军	姑苏区殷氏传人核雕工作室	苏州工业园区服务外包职业学院
18	程宗琦	苏州大学附属第一医院	苏州卫生职业技术学院
19	闵春艳	苏州市药品检验检测研究中心	苏州卫生职业技术学院
20	陈夏裕	江苏亨通信息安全技术有限公司；江苏亨通工控安全研究院有限公司	苏州信息职业技术学院
21	胡毓芳	苏州太湖雪丝绸股份有限公司	苏州信息职业技术学院
22	张文兵	苏州三星显示有限公司	苏州工业园区职业技术学院
23	孟忠	三星电子(苏州)半导体有限公司	苏州工业园区职业技术学院
24	俞挺	苏州钰轩玉艺有限公司	苏州高博软件技术职业学院

(三) 教学管理队伍

2019年，苏州全市高职院校共有专职教学管理人员382人，较2018年同期增加了15人。其中在编人员为329人，较2018年同期增加了15人。表3-24是2017—2019年苏州全市高职院校专职教学管理人员总数。

表3-24　2017—2019年苏州全市高职院校专职教学管理人员总数

单位：人

专职教学管理人员	2017年	2018年	2019年
合计人数	337	367	382
在编人数	288	314	329

(四) "三教"改革——国家级创新团队

"三教"改革是《国家职业教育改革实施方案》的重要创新之一，也是实现职业教育现代化的最重要落脚点。在"三教"改革中，教师是改革的主体，是"三教"改革的关键。2019年7月24日，教育部教师工作司遴选首批国家级职业教育教师教学创新团队立项建设单位120个、国家级职业教育教师教学创新团队培育建设单位2个，其中，江苏省共计入选立项13个、苏州市共计入选立项2个[①]，分别为苏州工业职业技术学院的工业机器人技术专业团队（工业机器人应用与维护专业领域）和苏州卫生职业技术学院的护理专业团队（养老服务领域）。

此外，为贯彻落实《中共中央国务院关于全面深化新时代教师队

---

① 教师函〔2019〕7号，http://www.moe.gov.cn/srcsite/A10/s7034/201908/t20190821_395361.html。

伍建设改革的意见》精神及《国家职业教育改革实施方案》"多措并举打造职业教育'双师型'教师队伍"的要求，2019年5月，教育部教师工作司委托教育部职业技术教育中心研究所具体负责典型案例遴选工作。2020年4月30日，教育部教师工作司公布了首批320个（高职170个）全国职业院校"双师型"教师队伍建设典型案例名单，确定出了首批高等职业学校"双师型"教师队伍建设典型案例100个、首批高等职业学校教师个人专业发展典型案例70个（教师司函〔2020〕17号）。苏州市高职院校中的苏州工业园区职业技术学院的"'三栖双聘'打造高水平机电一体化双师队伍"和苏州旅游与财经高等职业技术学校的"聚焦师资综合素养，建设一流'双师型'教师队伍"入选为首批国家级高等职业学校"双师型"教师队伍建设典型案例（总计100个，江苏省7个、苏州市2个）。

（五）江苏省高校优秀科技创新团队建设

苏州工业园区服务外包职业学院、苏州工艺美术职业技术学院、沙洲职业工学院3所院校入围"2019年度立项省高校优秀科技创新团队"，见表3-25。江苏全省共有20所高职院校入围。

表3-25 苏州市入选江苏省高校优秀科技创新团队的3所院校

序号	高校名称	团队名称	团队带头人
1	苏州工业园区服务外包职业学院	高通量测序数据分析	郁春江
2	苏州工艺美术职业技术学院	三维数字艺术产品	项建华
3	沙洲职业工学院	移动锂离子动力电源系统	鲁怀敏

（六）国家级师资培养培训基地认定

2019年7月，教育部发布了"关于公布《高等职业教育创新发展行动计划（2015—2018年）》项目认定结果的通知（教职成函〔2019〕10号）"，苏州全市高职院校中共有3所院校的5个"双师型"教师培养培训基地被认定为"国家级双师型教师培养培训基地"（表3-26），占江苏省被认定的国家级师资培养培训基地数的8.77%。

表3-26 苏州全市高职院校入选国家高职教育创新发展行动计划项目名单

单位：个

序号	项目名称	院校名称	数量
1	"双师型"教师培养培训基地	苏州农业职业技术学院	1
2		苏州卫生职业技术学院	2
3		苏州工业职业技术学院	2

（七）国家级技能大师工作室认定

2019年7月，教育部发布了"关于公布《高等职业教育创新发展行动计划（2015—2018年）》项目认定结果的通知（教职成函〔2019〕10号）"，苏州全市高职院校中有1所院校的技能大师工作室被认定为"国家级技能大师工作室"（表3-27），占江苏省被认定的国家级技能大师工作室总数的11.11%。

表3-27 苏州全市高职院校入选国家高职教育创新发展行动计划项目名单

单位：个

序号	项目名称	院校名称	数量
1	技能大师工作室	苏州经贸职业技术学院	1

（八）江苏省高校"青蓝工程"培养

1. "青蓝工程"中青年学术带头人培养

苏州全市高职院校加大了中青年学术带头人培养力度，2019年，共有8所院校的8位专任教师被评选为江苏高校"青蓝工程"中青年学术带头人培养对象，占全省高职院校该培养对象总数的13.5%。表3-28是苏州全市高职院校获选2019年江苏高校"青蓝工程"中青年学术带头人培养对象名单。

表3-28 苏州全市高职院校获选2019年江苏高校"青蓝工程"中青年
学术带头人培养对象名单

单位：人

序号	院校名称	人数
1	苏州工艺美术职业技术学院	1
2	苏州农业职业技术学院	1
3	苏州经贸职业技术学院	1
4	苏州卫生职业技术学院	1
5	苏州工业园区服务外包职业学院	1
6	苏州工业职业技术学院	1
7	苏州健雄职业技术学院	1
8	苏州信息职业技术学院	1

2. "青蓝工程"优秀青年骨干教师培养

苏州全市高职院校加大对青年骨干教师培养力度，2019年，共有16所院校的28位专任教师被评选为江苏高校"青蓝工程"优秀青年骨干教师培养对象，占全省高职院校该培养对象总数的17.07%。表3-29是苏州全市高职院校获评2019年江苏高校"青蓝工程"优秀青年骨干教师培养对象名单。

表 3-29 苏州全市高职院校获评 2019 年江苏高校"青蓝工程"优秀青年骨干教师培养对象名单

单位：人

序号	院校名称	人数
1	苏州工艺美术职业技术学院	2
2	苏州农业职业技术学院	3
3	苏州经贸职业技术学院	2
4	苏州卫生职业技术学院	2
5	苏州市职业大学	2
6	沙洲职业工学院	2
7	苏州工业园区服务外包职业学院	2
8	苏州工业职业技术学院	3
9	苏州健雄职业技术学院	2
10	苏州信息职业技术学院	2
11	苏州幼儿师范高等专科学校	1
12	苏州工业园区职业技术学院	1
13	硅湖职业技术学院	1
14	苏州托普信息职业技术学院	1
15	昆山登云科技职业学院	1
16	苏州高博软件技术职业学院	1

3. "青蓝工程"优秀教学团队培养

2019 年，苏州全市高职院校将师资团队建设提上了重点工作日程，全市共有 6 所院校的师资团队被评选为江苏高校"青蓝工程"优秀教学团队培养对象，占全省高职院校总数的 18.18%。表 3-30 是苏州全市高职院校获评 2019 年江苏高校"青蓝工程"优秀教学团队培养对象名单。

表 3-30　苏州全市高职院校获评 2019 年江苏高校"青蓝工程"优秀教学团队培养对象名单

单位：个

序号	院校名称	团队数
1	苏州工艺美术职业技术学院	1
2	苏州农业职业技术学院	1
3	★苏州卫生职业技术学院	1
4	苏州工业园区服务外包职业学院	1
5	苏州工业职业技术学院	1
6	苏州健雄职业技术学院	1

注：标"★"为学校自筹建设经费。

【苏州工艺美术职业技术学院】名师引领，构建产教融合共同体

　　数字艺术学院项建华名师工作室自成立以来以"实践、合作、共享"为原则，以课程为纽带，以产教融合为路径，产教互通，专兼协同，积极建构产教融合的教师研发团队，探索校企协作育人、平台共享共管、人员互兼互聘的体制机制，打造实施产学一体、项目教学、促进学生发展的教学模式。该名师工作室还积极投入苏州数字艺术协同创新平台、工艺美术传承创新示范区项目建设，平台各项任务稳步推进、成效显著，并升级为国家级产教融合实训平台。由项建华教授带领的数字艺术学院"三维数字艺术产品"研发团队获"2019 年度江苏省高校优秀科技创新团队"立项。

【苏州农业职业技术学院】以赛促教，教师教学能力大赛结硕果

　　2019 年，职业院校教师教学能力大赛赛制进行了大幅度改革，将信息化教学设计、课堂教学和实训教学三赛合一，全面综合考察教师信息技术运用能力、思辨能力和临场应变能力。该校环境工程学院王晖、杨岭、李烨老师的作品《健康环境促进行动——室内甲醛的检测与治理》获 2019 年全国职业院校技能大赛教学能力比赛一等奖，园林工程学院王梦茜、邹晓榕、张彤钰老师的作品《乡村康养庭院设计》

获三等奖，获奖数量、质量居江苏省高职院校之首。自 2015 年以来，学校在该项赛事上共获一等奖 5 项、二等奖 3 项、三等奖 2 项。

【苏州经贸职业技术学院】放水养"鱼"，放水活"鱼"，打造高层次人才积聚效应

学院实施"人才强校"战略，实施"百名博士"和"百名技师"的"双百计划"，出台《引进高层次人才办法》《柔性引进人才管理暂行办法》等外引制度，加大对领军人才、专业带头人、高水平人才、青年博士人才、高技能人才 5 类人才的引进力度，与苏州地标型企业合作"共招、共用、共育"人才。制定《特聘岗位聘任及管理办法》《教职工在职攻读博士管理办法》等内培制度，打通人才发展通道。学院实施高层次人才协议工资制、项目工资制等绩效工资改革方式，高层次人才的科技成果转化为奖励收入、校外兼职收入不受绩效工资总额限制。学院博士团队已获得国家精品在线开放课程 1 门、全国教育科学规划项目 1 项、江苏省软科学研究项目 2 项，学院高层次人才的集聚效应显著提升。

【苏州经贸职业技术学院】钻研创新创业教学，周燕教授荣获"全国优秀教师"称号

纺织服装与艺术传媒学院周燕教授刻苦钻研创新创业教学，2019 年被教育部授予"全国优秀教师"称号。作为江苏省大学生就业创业指导专家，周燕全力推进创新创业，为职业教育事业做出了突出贡献，先后被评为江苏高校"青蓝工程"中青年学术带头人、江苏省"333 工程"第三层次培养对象、江苏省高校优秀共产党员等。她所带团队荣获"江苏省优秀科技创新团队"称号，与企业合作研究成果创造经济效益 2 000 多万元。她带领学生参加各类创业大赛，获得第四届"互联网+"大学生创新创业大赛国赛铜奖，江苏省第六、七届大学生创新创业大赛一等奖等荣誉。她指导学生申报的江苏省大学生优秀创业项目获 10 万元资助补贴，指导学生创办的企业成为"江苏省高新技术企业""江苏省民营科技企业"，指导青年教师创办的企业成功在新三板上市。

【苏州卫生职业技术学院】创新技能培养手段，培育新时代口腔技师

学院积极探索专业教学模式改革，不断提升专业技能培养水平，将苏州地方特色非遗技艺"舟山核雕"引入口腔医学技术专业课堂，紧扣传统技艺与专业技术的共通点，强化对学生动手能力的早期训练，让学生在非遗传承人的娴熟技艺与精美作品中感受工匠精神的魅力，实现了文化育人与专业教学的有机结合。学院通过雕刻社团、手工雕刻比赛等活动，提高学生的动手能力、综合素质和创新能力，同时开展现代学徒制培养、专兼职双导师教育，实现导师引领小班教学。2019年学院学生代表江苏省参加中国技能大赛全国卫生健康行业（口腔修复体制作工）职业技能竞赛，并获得学生组第一名，同时获得由国家卫健委人才交流中心直接晋升技师的职业资格。

【苏州卫生职业技术学院】打造共建、共享、共赢的双师型教师队伍

苏州卫生职业技术学院联合苏州市科技城医院、苏州市吴中人民医院、苏州中西医结合医院、苏州市怡养护理院4个非隶属型的附属教学基地，打造共建、共享、共赢的"互联体"，共建"双师型"教师培养培训基地，为临床医学、护理、医学营养、医学检验、药学等专业教师参加临床实践与提高"双师"素质搭建了重要的平台。学院也在积极筹建二级综合性附属医院、老年护理院。不久的将来，学院直属服务型实践基地将覆盖所有的专业教师和学生，更好地进行临床实践，更好地服务周边社区百姓。

【苏州工业职业技术学院】多企联手，共同打造"智能工厂物流"师资队伍

伴随智能制造产业的发展，企业生产自动化、信息化、智能化建设对智能物流技术技能人才的需求日益增长，适应新产业、新技术的物流师资队伍建设日益迫切。2019年7月，学院经贸管理系与苏州迅驰智能科技有限公司合作，联合全球工业应用装配组件系统先驱者和领导者item在中国的独资企业item 依诺信、博世（中国）投资有限公司、上海汽车变速器有限公司共同开展"智能工厂"物流师资队伍专项培训，通过对精益化、数字化、网络化、智能化模块的学习和训练，物流师资团队很好地掌握了智能工厂物流技术、精益物流生产管理的知识，具备了相应的能力，为专业发展和人才培养奠定了扎实的基础。

【沙洲职业工学院】大赛引领，提升教师执教能力

学院自2014年起，已在全国职业院校信息化教学大赛中取得5个一等奖、1个二等奖、1个三等奖的好成绩，屡获江苏省职业院校信息化教学大赛先进单位称号、优秀组织奖。通过各级各类竞赛，带动培育出一批致力于信息化课堂教学和课程建设改革创新的教学团队、骨干教师。学院所有专业都有中青年教师在省级、国家级的教学比赛与微课比赛等多个竞赛中获奖，获奖教师占全部专任教师的60%以上。

【苏州高博软件技术职业学院】组建特聘教授团队的民办高校师资队伍建设创新

从2018年度起，学院开始组建特聘教授团队，短短一年时间，从南京理工大学、苏州大学等7所省、市名校引进特聘教授24人，他们或是博导，或是担任过校级或院级领导，均是资深专家，在各自专业领域具有重要影响。特聘教授全职在岗，二级学院所有院长和教务处等重要部门领导均由特聘教授担任。组建以特聘教授为主的教学科研团队，带领青年教师认真研究教学技能和方法，通过讲座、论文选读和训练促进其科研水平的提高，这项举措使学院的教风、学风和校风发生了显著变化。

【苏州幼儿师范高等专科学校】"一师一站"工程，加快双师型教师队伍建设

为了建设双师型教师队伍，提升教师教育教学水平，学校实施"一师一站"工程。"一师"：学校成立张春霞大师工作室，校内 7 名学前教育专业骨干教师成为大师工作室成员。依托工作室的平台，学校大力支持教师成长，为教师的专业发展提供平台和资源，进一步提高学校在专业领域内的影响力。"一站"：学校在苏州高新区实验幼儿园成立"教师工作站"，教师工作站成员排班在幼儿园观摩课程，参与幼儿园教育教学研讨。依托"教师工作站"平台，学校与幼儿园形成互助互利的关系，为教师发展提供更便利、更充分的条件。

四、产教融合

（一）基本情况

1. 校企合作

2019 年，苏州全市高职院校产学合作企业总数 3 654 家，较 2018 年减少了 594 家。有合作企业的专业数占专业设置总数比例达 98.8%，与 2018 年基本持平。企业支持学校兼职教师 2 438 人，较 2018 年减少了 373 人。企业共接收应届毕业生就业 9 668 人，较 2018 年减少了 1 517 人。学校为企业技术服务年收入 35 532.59 万元，较 2018 年增加了 2 235.69 万元。各类数据详见表 3-31。

表 3-31 2018 年和 2019 年苏州全市高职院校参与合作概况

基本情况	2018 年	2019 年	增量
产学合作企业总数/个	4 248	3 654	-594
支持学校兼职教师数/人	2 811	2 438	-373
对学校捐赠设备总值/万元	3 010.17	2 428.61	-581.56
对学校准捐赠设备总值/万元	3 597.18	3 228.46	-368.72
有合作企业的专业数占专业设置总数比例/%	98.84	98.76	-0.08
合作企业订单培养人数占全日制高职在校生人数比例/%	8.67	8.48	-0.19
接收应届毕业生就业数/人	11 185	9 668	-1 517
学校为企业技术服务年收入/万元	33 296.90	3 5532.59	2 235.69
学校为合作企业培训员工/人天	215 728	16 2042	-53 686

2.校外实训基地建设

2019 学年,苏州全市高职院校建设了 2 963 个校外实习实训基地,较 2018 年增加了 100 家,平均每个院校有 174 家校外基地。校外实训基地共接待学生量（实习或参观）约 31.12 万人次,较 2018 学年有大幅度增加；其中校外实训基地接受半年顶岗实习学生数约 2.46 万人,与 2018 年基本持平。表 3-32 是 2018 年和 2019 年苏州全市高职院校参与校外实训基地等项目建设情况。

表 3-32 2018 年和 2019 年苏州全市高职院校参与校外实训基地等项目建设情况

校外实习实训基地建设	2018 年	2019 年	增量
基地数/个	2 863	2 963	100
面向专业总数/个	5 526	5 631	105
实习实训项目总数/个	6 608	6 489	−119
接待学生量/人次	250 602	311 212	60 610
其中接受半年顶岗实习学生数/人	25 305	24 691	−614
学校派指导教师/学生管理人员/人次	16 197	16 003	−194
接收应届毕业生就业数/人	9 192	9 141	−51

3. 顶岗实习

2019 年，苏州全市高职院校顶岗实习学生总数约 3.22 万人，企业录用顶岗实习毕业生约 2.68 万人，较 2018 学年增加了 2 300 余人；顶岗实习对口毕业率为 90%，较 2018 年上升了 1.1 个百分点。表 3-33 是 2018 年和 2019 年苏州全市高职院校学生（含应届毕业生）顶岗实习情况。图 3-11 是 2017—2019 年苏州全市高职院校对口企业录用顶岗实习毕业生比例和顶岗实习对口率概况。

表 3-33 2018 年和 2019 年苏州全市高职院校学生（含应届毕业生）顶岗实习情况

顶岗实习	2018 年	2019 年	增量
顶岗实习应届毕业生总数/人	31 267	32 231	964
企业录用顶岗实习应届毕业生数/人	24 467	26 828	2 361
企业录用率/%	78.25	83.24	4.99
顶岗实习对口毕业生数/人	27 794	29 019	1 225
顶岗实习对口率/%	88.89	90.03	1.14
顶岗实习学生总数/人	31 515	32 137	622
参加保险学生数/人	35 742	32 137	−3 605
主要实习单位实习人数/人	23 559	24 540	981

图 3-11　2017—2019 年苏州全市高职院校对口企业录用顶岗实习毕业生比例和顶岗实习对口率概况

4.课程建设与教材开发

2019 年，苏州全市高职院校与合作企业共同开发课程 1 894 门，与 2018 年基本持平，共同开发教材 1 113 种，较 2018 年增加了 23 种教材。表 3-34 是 2018 年和 2019 年苏州全市高职院校校企合作开发课程和教材情况。

表 3-34　2018 年和 2019 年苏州全市高职院校校企合作开发课程和教材情况

课程建设与教材开发	2018 年	2019 年	增量
共同开发课程数/门	1 893	1 894	1
共同开发教材数/种	1 090	1 113	23
校企合作共同开发课程门数占开设课程总门数比例/%	18.83	17.3	-1.53
专业拥有校企合作共同开发教材数/（本/个）	2.27	2.31	0.04

（二）工学交替 订单培养

2019年，苏州全市有14家高职院校与企业合作共同实施"订单式"人才培养，院校覆盖面为82.35%。产教融合培养学生总数为9 803人，较2018年增加了193人。订单培养学生共计8 595人、369个班级，较2018年分别增加了769人和46个班级。产教融合培养学生数占全日制高职专科在校生总数的9.46%，与2018年基本持平。订单培养学生数占产教融合学生总数的87.68%，较2018年上升了6.24个百分点。表3-35是2018年和2019年苏州全市高职院校产教融合培养规模，表3-36是2018年和2019年苏州全市高职院校订单培养学生数，表3-37是2018年和2019年苏州全市高职院校订单培养班级数。

表3-35 2018年和2019年苏州全市高职院校产教融合培养规模

单位：人

产教融合培养学生数	2018年	2019年	增量
苏州工艺美术职业技术学院	902	543	-359
苏州农业职业技术学院	749	876	127
苏州经贸职业技术学院	843	843	0
苏州卫生职业技术学院	343	545	202
苏州市职业大学	1 073	1 298	225
苏州工业职业技术学院	1 192	804	-388
苏州工业园区职业技术学院	130	218	88
苏州工业园区服务外包职业学院	1 166	1 447	281
沙洲职业工学院	54	179	125
苏州健雄职业技术学院	639	424	-215
硅湖职业技术学院	431	631	200
苏州托普信息职业技术学院	0	0	0
昆山登云科技职业学院	1 880	1 772	-108

(续表)

产教融合培养学生数	2018年	2019年	增量
苏州百年职业学院	20	0	-20
苏州高博软件技术职业学院	159	186	27
苏州信息职业技术学院	29	37	8
苏州幼儿师范高等专科学校	0	0	0
合计	9 610	9 803	193

表3-36 2018年和2019年苏州全市高职院校订单培养学生数

单位：人

订单培养学生数	2018年	2019年	增量
苏州工艺美术职业技术学院	49	242	193
苏州农业职业技术学院	167	107	-60
苏州经贸职业技术学院	328	701	373
苏州卫生职业技术学院	343	614	271
苏州市职业大学	1 073	1 298	225
苏州工业职业技术学院	1 192	804	-388
苏州工业园区职业技术学院	130	218	88
苏州工业园区服务外包职业学院	1 166	1 477	311
沙洲职业工学院	66	57	-9
苏州健雄职业技术学院	639	424	-215
硅湖职业技术学院	431	631	200
苏州托普信息职业技术学院	165	0	-165
昆山登云科技职业学院	1 880	1 772	-108
苏州百年职业学院	0	0	0
苏州高博软件技术职业学院	0	186	186
苏州信息职业技术学院	93	37	-56
苏州幼儿师范高等专科学校	104	27	-77
合计	7 826	8 595	769

表 3-37 2018 年和 2019 年苏州全市高职院校订单培养班级数

单位：个

订单培养班级数	2018 年	2019 年	增量
苏州工艺美术职业技术学院	2	9	7
苏州农业职业技术学院	5	3	-2
苏州经贸职业技术学院	7	15	8
苏州卫生职业技术学院	9	15	6
苏州市职业大学	50	69	19
苏州工业职业技术学院	73	39	-34
苏州工业园区职业技术学院	7	11	4
苏州工业园区服务外包职业学院	38	50	12
沙洲职业工学院	6	2	-4
苏州健雄职业技术学院	37	34	-3
硅湖职业技术学院	12	32	20
苏州托普信息职业技术学院	0	0	0
昆山登云科技职业学院	66	81	15
苏州百年职业学院	0	0	0
苏州高博软件技术职业学院	0	7	7
苏州信息职业技术学院	9	1	-8
苏州幼儿师范高等专科学校	2	1	-1
合计	323	369	46

【昆山登云科技职业学院】扎根"工学结合专班"，创建企业学院，深化产教融合

学院在与企业充分调研、讨论的基础上，根据学生技能学习的阶段性程度特点，与行业企业有代表性专家共同研究岗位技能，推行"三阶段、两体系、一载体"的工学结合专班人才培养模式。十余年的专班运行积累了稳固的合作企业基础，在此基础上与工研院共建昆山阳澄湖（两岸）产学研协同创新中心、与西门子合作伙伴建立 SIEMENS

智能制造数字双胞胎工厂（投资 1 800 万）、与福纳（投资 200 万）建立工业视觉产业学院、与桦晟实施生产教育项目等，形成了集学生培养、产业服务、技术研发、师资训练、社会培训于一体的功能化运行机制，从不同角度保证了学院能够为企业提供"用得着、用得上、用得好"的复合型人才，同时也充分实现了学院在人才培养方案、培养目标、技能培养等方面的衔接，为企业"量身"系统化培养关键紧缺技能型人才。

【沙洲职业工学院】校企一体化合作模式创特色促双赢

学院建筑工程系与江苏德丰建设集团有限公司探索形成了"43211"校企一体化合作模式，即"四个专业、三线协调、两会、一办、一中心"。"四个专业"指以建筑工程技术高水平骨干专业为龙头，联合工程造价、工程监理、建筑装饰工程技术等相关专业；"三线协调"即建筑工程专业教育理事会、校企合作协调委员会、系部校企合作办公室三个层面上的运行管理线协调决策；"两会"即校企合作协调委员会和建筑工程专业教育理事会通过企业走访、交流，定期召开会议，对校企合作一体化办学做出决策指导；"一办"即建筑工程系校企合作办公室负责处理日常事务；"一中心"即校企双赢的中心目标是学生职业能力的形成和企业员工综合素质的提高。双方共同出资建成校企一体化的项目化工作室，构建"教、学、做、产、鉴"一体化的教学运行系统，年均培训施工企业工人、在校学生 500 余人次，开展建筑行业从业人员资格培训江苏省统考合格率达 90%以上。

（三）职教集团 资源共享

为实现职业教育资源共享，探索职业院校和企业优势互补的职教发展新途径和新模式，根据苏州市地方产业转型升级以及职业院校专业设置调整的现状，苏州市政府于 2014 年 9 月 1 日颁布实施了《苏州市职业教育校企合作促进办法》，这是江苏省内首个校企合作方面的规范性文件。在苏州市教育局的指导下，全市高职院校整合联合区域内职业院校、行业企业的资源，组建市级专业性职业教育集团，为密切校企合作、校校合作、区域合作提供了舞台，为开展多校多企集群式合作创造了条件。目前，苏州市已建立了服务外包、现代装备制造、现代电子信息、庆典礼仪与形象设计、光伏技术、创意、化工、生物医药、现代物流与现代商务等16个市级专业性职业教育集团，为密切校企合作、校校合作、区域合作提供了平台，为开展多校多企集群式合作创造了条件。其中，5所公办高职院校牵头组建了全国性职教集团，见表3-38。

表3-38　苏州全市高职院校牵头组建的全国性职教集团

序号	牵头院校	集团名称
1	苏州经贸职业技术学院	江苏电子商务职业教育集团
2	苏州农业职业技术学院	中国智慧农业教学联盟
3	苏州卫生职业技术学院	江苏医药卫生职业教育集团
4	苏州工业职业技术学院	机械行业精密制造与智能化产教协同创新联盟
5	苏州工业园区服务外包职业学院	中国服务外包产教联盟

【苏州工艺美术职业技术学院】苏绣《一树繁华金羽扇》亮相"中国刺绣艺术展"

　　由学校师生与12位苏绣大师共同创作的苏绣巨制《一树繁华金羽扇》在中国刺绣艺术展隆重展出，得到了省市领导和社会各界的高度评价与广泛赞誉。《一树繁华金羽扇》原是美术学院教师创作的花鸟画作品。苏绣大师姚建萍等希望与该校师生合作，共同以苏绣的形式呈现该幅作品，学校党委对此高度重视，师生团队多次深入镇湖调研，与姚建萍等大师交流研讨，在原作画稿的基础上对线稿进行多次调整，最终完成了该幅作品的绣稿。团队以精湛的技艺，经过两个多月的制作，完成了此件具有时代意义的苏绣巨制。《一树繁华金羽扇》是学校校地合作、产教融合的"典范"和重要成果，是学校立足产区、为服务区域文化传承创新发展做出的积极贡献，也是学校师生和苏绣大师共同为新中国成立70周年献上的最诚挚的祝福。

【苏州健雄职业技术学院】政企行校"融合创生 电竞未来",助立健雄天镜湖电竞学院

学校电子信息学院与大唐文娱(深圳)有限公司、福建网龙游戏有限公司进行校企合作签约,实现"产业+文化+旅游+社区"的深度融合,不断推进产教融合、校企合作向更高层次、更高水平发展,为太仓产业转型升级、构筑现代产业体系做出新的更大贡献。

【苏州工业园区服务外包职业学院】构建区校协同、校企共生的融合发展模式

学院构建区校协同、校企共生的融合发展模式。一是搭建合作平台,共享合作资源,推动区校协同发展。学院牵头组建中国服务外包产教联盟、苏州市服务外包职教集团,依托苏州工业园区服务贸易协会,形成基于平台的协同发展。二是依托重点企业,实现互惠共赢,推动校企共生共长。学院与金唯智等重点企业开展企业学院建设,形成了以人才培养为核心、科学研究为纽带、社会服务为支撑、文化传承为要素的产学研协同体系,推动校企共生共长。三是建设合作载体,实行引企入校,推动产教融合发展。学院打造"独墅湖创客汇",吸引与学院专业匹配的合作企业入驻,设立26项校企合作菜单式指标,激励了企业主动开展合作的积极性。

【苏州工业职业技术学院】校企合作共奏新能源汽车技术新篇章

　　学院汽车工程系和苏州汽工贸集团携手合作，共建天丰汽车学院。校企双方除了在人才培养、课程开发、基地建设等常规领域共同合作以外，创新开展科学技术"走出去、请进来"的专业系列活动，共奏校企合作科技乐章。2019 年，校企紧密携手，开展新能源汽车技术"走出去"——大学生暑期"三下乡"社会实践暨科普宣传活动；开展新能源汽车技术"请进来"——"科技进校园，几何新体验"活动。通过活动，实现推广新能源、传播新技术、校企协同、感受未来的目标，也有效地拓宽了合作领域，加深了合作深度。

（四）全国现代学徒制试点

　　现代学徒制是教育部 2014 年提出的一项旨在深化产教融合、校企合作，进一步完善校企合作育人机制、创新技术技能人才培养的创新模式。与普通大专班和以往的订单班、冠名班的人才培养模式不同，现代学徒制更加注重技能的传承，由校企共同主导人才培养，设立规范化的企业课程标准、考核方案等，体现了校企合作的深度融合，可以有力提升技术技能人才的能力和水平。根据教育部办公厅公布第三批现代学徒制试点单位的遴选通知（教职成厅函〔2018〕41），苏州工业职业技术学院、苏州工艺美术职业技术学院入选全国现代学徒制试点单位，至此，苏州全市已有 3 所院校入选（表 3-39）。教育部职业教育与成人教育司于 2019 年 10 月组织专家对现代学徒制第二批试点单位进行验收，苏州工业园区职业技术学院的现代学徒制项目顺利通过验收。

表 3-39　全国现代学徒制试点单位

单位：所

序号	批次	全国评定院校数	江苏省入选院校数	苏州市入选院校数	苏州市入选院校名称	验收情况
1	一	100	6	0	—	—
2	二	154	4	1	苏州工业园区职业技术学院①	通过②
3	三	156	7	2	苏州工业职业技术学院③	未验收
					苏州工艺美术职业技术学院④	未验收

为积极响应国务院《关于加快发展现代职业教育的决定》等文件精神，苏州市出台了《关于加快发展全市现代职业教育的实施意见》，2019 年，全市 11 所高职院校（占比 64.7%，较 2018 年增加了 11.7%）开展了现代学徒制人才培养，学习借鉴德国"双元制"和英国"现代学徒制"人才培养模式，2019 年合作企业学徒培养人数为 1 700 余人，占订单培养学生数的 20%以上，占产教融合培养学生数的 17%以上。表 3-40 是 2019 年苏州全市高职院校开展现代学徒制培养情况。

---

① 教职成厅函〔2017〕35 号。
② 教职成司函〔2019〕97 号。
③ 教职成厅函〔2018〕41 号。
④ 教职成厅函〔2018〕41 号。

表3-40　2019年苏州全市高职院校开展现代学徒制培养情况

院校名称	院校数/所	专业数/个	班级数/个	学徒数/人	企业师傅数/人	企业承担的教学课时数/学时	学校年投入经费/万元	企业年投入经费/万元	等级
苏州工艺美术职业技术学院	1	3	5	97	15	564	75.80	130.50	国家级或地市级
苏州农业职业技术学院	1	11	13	284	70	3 812	246.80	186.64	校级
苏州经贸职业技术学院	0	0	0	0	0	0	0	0	
苏州卫生职业技术学院	0	0	0	0	0	0	0	0	
苏州市职业大学	1	4	5	139	44	1 096	5	31	校级
苏州工业职业技术学院	1	2	8	109	23	1 625	300	110	国家级或校级
苏州工业园区职业技术学院	1	1	3	47	10	1 160	50	50	国家级
苏州工业园区服务外包职业学院	1	4	7	209	89	1 796	55	25	校级
沙洲职业工学院	0	0	0	0	0	0	0	0	
苏州健雄职业技术学院	1	7	15	332	143	2 416	11.66	49.52	校级

（续表）

院校名称	院校数/所	专业数/个	班级数/个	学徒数/人	企业师傅数/人	企业承担的教学课时数/学时	学校年投入经费/万元	企业年投入经费/万元	等级
硅湖职业技术学院	1	6	17	284	37	1 384	16.48	227.20	校级
苏州托普信息职业技术学院	0	0	0	0	0	0	0	0	
昆山登云科技职业学院	1	5	7	104	36	425	60	195.84	校级
苏州百年职业学院	0	0	0	0	0	0	0	0	
苏州高博软件技术职业学院	1	1	2	33	5	852	8	3	校级
苏州信息职业技术学院	1	1	3	99	38	144	0	0	地市级
苏州幼儿师范高等专科学校	0	0	0	0	0	0	0	0	
合计	11	45	85	1 737	510	15 274	828.74	1 008.70	

【苏州工业园区职业技术学院】组建校企专家委员会,推进职业教育现代学徒制试点工作

学院和博世公司联合成立由企业用人部门专家、企业培训讲师以及学院专业骨干教师组成的专家委员会。专家委员会根据技术技能人才成长的规律和企业岗位的需求,制订并不断优化现代学徒制人才培养方案,明确培养目标和目标岗位群,梳理岗位关键任务和核心职责,提炼出学徒应具备的专业能力、方法能力和社会能力,依据关键能力匹配学习目标,构架基于现代学徒制的专业课程标准,不断修订专业课程设置方案。专家委员会以"创新应用学期项目、职业规划大赛、职业技能比赛"为抓手对学徒进行可持续职业能力培养,校企协同育人成果显著。

【苏州托普职业技术学院】深化现代学徒制,创新幼教人才的"三明治"型培养模式

学院积极贯彻产教融合、校企合作的职教理念,借鉴现代学徒制的成功经验,充分发挥企业育人主体的作用,与昆山橙果幼教集团成功牵手,共同开创了"三明治"型的幼教人才培养模式。"三明治"型的人才培养模式获得学生和家长的高度认可,首个实验班经过学生和企业的双向选择已组建完毕,并顺利奔赴企业开展学徒制培养。

(五)国家级"1+X"证书试点

"职教20条"提出,"从2019年开始,在职业院校、应用型本科高校启动'学历证书+若干职业技能等级证书'制度试点('1+X'证书制度试点)工作"。2019年6月18日,教育部职业技术教育中心研究所公布了全国首批"1+X"证书制度试点院校名单,共确定了6个职业技能等级证书下共1 988个试点。10月12日,教育部职业技术教育中心研究所公布了全国第二批"1+X"证书制度试点院校名单,共确定了10个职业技能等级证书下共3 278个试点。2019年,苏州全市高职院校积极申报国家"1+X"证书制度试点项目,在首批"1+X"证书制度试点院校申报中,苏州全市有10所高职院校、2所五年制高职校和1所应用型本科院校共入围16个证书点(表3-41)。在第二批"1+X"证书制度试点院校申报中,苏州全市有11所高职院校及1所应用型本科院校入围28个证书点(表

3-42）。两批共入围 44 个证书点，占江苏省入围证书点总数的 19.21%（江苏省共计入围 229 个证书点）。其中，苏州工业职业技术学院的"1+X"证书制度试点数为 5 个，位列苏州第一，紧随其后的苏州经贸职业技术学院的"1+X"证书制度试点数为 4 个。

表 3-41 苏州全市首批"1+X"证书制度试点院校

序号	区域	证书名称	试点院校名称
1	苏州	建筑信息模型（BIM）	沙洲职业工学院
2		Web 前端开发	苏州工业园区职业技术学院
3			苏州工业职业技术学院
4			苏州高博软件技术职业学院
5			苏州健雄职业技术学院
6			苏州工业园区服务外包职业学院
7		老年照护	苏州卫生职业学院
8		物流管理	苏州旅游与财经高等职业技术学校
9			苏州健雄职业技术学院
10			苏州农业职业技术学院
11			苏州经贸职业技术学院
12			苏州大学应用技术学院
13		汽车运用与维修	苏州建设交通高等职业技术学校
14			苏州工业园区职业技术学院
15			昆山登云科技职业学院
16		智能新能源汽车	苏州建设交通高等职业技术学校

表 3-42 苏州全市第二批"1+X"证书制度试点院校

序号	地区	证书名称	学校名称
1	苏州	电子商务数据分析	沙洲职业工学院
2			苏州经贸职业技术学院
3		网店运营推广	苏州高博软件技术职业学院
4			苏州工业园区服务外包职业学院
5			苏州工业职业技术学院
6			苏州经贸职业技术学院
7		工业机器人操作与运维	沙洲职业工学院
8			苏州市职业大学
9			苏州大学应用技术学院
10		工业机器人应用编程	沙洲职业工学院
11			苏州工业园区职业技术学院
12			苏州工业职业技术学院
13			苏州健雄职业技术学院
14			苏州市职业大学
15			苏州大学应用技术学院
16		智能财税	苏州工业园区职业技术学院
17			苏州工业职业技术学院
18			苏州经贸职业技术学院
19			苏州农业职业技术学院
20			苏州市职业大学
21			苏州信息职业技术学院
22		母婴护理	苏州卫生职业技术学院
23		传感网应用开发	苏州工业职业技术学院
24			苏州经贸职业技术学院
25			苏州农业职业技术学院
26		云计算平台运维与开发	苏州工业职业技术学院
27			苏州农业职业技术学院
28			苏州大学应用技术学院

【苏州农业职业技术学院】产教深度融合，实施"1+X"证书制度试点

学校经济管理学院依托物流管理、会计专业与行业龙头企业北京京东世纪信息技术有限公司、中联集团教育科技有限公司合作，智慧农业学院依托物联网应用技术、现代农业技术、计算机网络技术、计算机应用技术专业与南京第五十五所技术开发有限公司、北京新大陆时代教育科技有限公司合作申报的"物流管理""智慧财税""传感网应用与开发""云计算平台运维与开发"4个"1+X"证书分别获得全国首批、第二批立项。通过引入行业领先企业新技术、新装备和技术师资，校企全面开展深度合作，促进技术技能人才培养培训模式和评价模式改革。学校经济管理学院与北京京东世纪信息技术有限公司共建实训基地"京东智能应用工程师学院"，校方提供实训场地，京东物流引入设备并运营实际业务，开展师生和员工的技能考核、职业体验、创业培训，实现岗位技能提升。

【苏州健雄职业技术学院】作为"1+X"证书试点的先行者，在人才培养过程中进行改革

学校软件与服务外包学院的软件技术、移动互联应用技术和电子商务技术3个专业近400名学生，在2019年被教育部批准参与"1+X"证书首批试点项目Web前端开发职业技能证书。软件与服务外包学院深入研究学习试点工作的相关政策和Web前端开发职业技能等级证书标准，几个试点专业将职业技能等级标准融入人才培养全程，优化课程体系，调整、扩充相应的课程内容。在授课过程中，学校老师按照企业项目开发流程组织教学，将企业的开发项目作为教学案例，并且搭建了互动式的教学环境。下一步，学校将按照培训评价组织考核安排，统筹做好试点学生的证书考核工作。

【苏州工业职业技术学院】以"1+X"证书为重要抓手，切实提升学生技能水平

2019年11月，学院成功获批第二批"1+X"证书（传感网应用开发）试点院校，这也是电子学院与通信工程系的第一张"1+X"证书。传感网应用开发以电子信息工程技术专业、物联网技术专业为依托，将传感网应用开发职业技能培训内容及要求与专业人才培养方案有效结合，不断深化课程建设和教学方法改革。电子与通信工程系 5

名教师顺利通过企业的专业讲师认证，并成功组织首个传感网应用开发职业技能培训班，涉及2018级电子信息工程技术专业的106位同学。本次培训主要围绕传感网应用开发职业技能等级认证，通过现场讲授、案例分析与实践、研讨交流等形式完成培训内容。培训内容紧扣"传感网应用开发"职业技能（中级）的考点要求，强调对实际操作技能的训练，主要包括STM32开发基础、RS485总线通信应用、CAN总线通信应用、基于BasicRF的无线通信应用、WiFi通信应用开发、NB-IOT通信应用开发、LORA组网通信应用开发等。

（六）省级产教融合集成平台建设

2019年3月，江苏省十三届人大常委会第八次会议通过了《江苏省职业教育校企合作促进条例》，自2019年5月1日起施行。《江苏省职业教育校企合作促进条例》是我国首部促进职业教育校企合作的省级地方性法规，为支持校企结为命运共同体、共育高质量发展所需高技能人才提供了法律保障。统筹开展国家产教融合型城市、行业、企业建设试点，是党中央、国务院将产教融合向纵深推进的重大战略决策。深化产教融合，促进教育链、人才链和产业链、创新链有机衔接，既可补齐教育人才短板，又可补齐产业创新短板，有助于提高我国全要素生产率，打造推动高质量发展的新引擎。

在"江苏省高等职业教育产教融合集成平台立项/培育项目"中，苏州全市共有10所高职院校入选10个项目（全省50个项目，立项36个，培育14个），其中立项项目7个、培育项目3个，见表3-43。

表 3-43　苏州全市高职院校入选江苏省高等职业教育产教融合集成平台立项/培育项目

序号	申报学校名称	平台名称	建设类别
1	苏州农业职业技术学院	智慧农业产教融合集成平台	立项
2	苏州工艺美术职业技术学院	长三角文化创意设计产教融合集成平台	立项
3	苏州卫生职业技术学院	全生命周期大健康产教融合集成平台	立项
4	苏州经贸职业技术学院	电子商务"育训赛研创服"产教融合集成平台	立项
5	苏州工业职业技术学院	"智能车间"装备集成与应用技术产教融合集成平台	立项
6	苏州工业园区服务外包职业学院	苏州工业园区生产性服务业产教融合集成平台	立项
7	苏州健雄职业技术学院	中德智慧制造双元制教育产业园	立项
8	苏州工业园区职业技术学院	智能制造产教融合集成平台	培育
9	苏州信息职业技术学院	"互联网+智能制造"产教融合集成平台	培育
10	苏州市职业大学	智能+高端装备制造产教融合集成平台	培育

【苏州经贸职业技术学院】依托"七大平台",打造"三位一体"育人模式

　　学院电子商务省品牌专业依托"教育部跨境电子商务应用研究与人才培养协同创新中心""教育部智能服务协同创新中心""江苏省电子商务人才培训基地""江苏省科技企业孵化器""江苏省二星级中小企业公共服务平台""江苏省大学生创新创业示范基地""江苏省创业示范基地大学生创业园"等7大平台,与苏州市电子商务协会、江苏京东信息技术有限公司、苏州伟伦运动休闲用品有限公司等合作,校企联合构建课程体系、开发课程教材、开展技术研发,共同打造了基于人才培养、创业孵化、技术服务的"三位一体"育人模式,育人成效显著。近3年,电子商务专业学生创办企业23家,学生企业年产值达5 000万元以上,获"挑战杯"全国职业学校创新创效创业大赛一等奖1项、"互联网十"大学生创新创业大赛全国总决赛铜奖1项,连续三年获电子商务赛项省赛一等奖(江苏省唯一),获省级优秀毕业设计(论文)一等奖2项。

【苏州工业园区职业技术学院】校企联办技能大赛，促进校企合作深度融合

　　学院联合苏州爱客汽车服务有限公司举办了苏州工业园区首届汽车维修高技能大赛，吸引了众多苏州工业园区汽车维修企业一线员工参赛。爱客汽车赞助大赛所需的仪器设备，校企双方协同承担大赛的组织管理和裁判工作。大赛经苏州工业园区职业技能培训部门授权，考核认证了73名汽车维修高级工。学院通过与企业联合举办技能大赛，发挥技能大赛作为校企合作的重要平台、促进教学改革的"助推器"作用，促进了校企合作的深度融合，推进了职业教育专业与产业、行业、岗位的对接，促进了区域汽车维修行业的健康发展，加快了现代职教体系的建设步伐。

（七）国家级生产性实训基地认定

　　2019年7月，教育部发布了"关于公布《高等职业教育创新发展行动计划（2015—2018年）》项目认定结果的通知（教职成函〔2019〕10号）"，苏州全市有13所院校的19个生产性实训基地被认定为"国家级生产性实训基地"（表3-44），占江苏省被认定的国家级生产性实训基地数的 16.67%。

表 3-44 苏州全市高职院校中国家级生产性实训基地

单位：个

序号	项目名称	院校名称	数量
1	生产性实训基地	苏州工艺美术职业技术学院	2
2		苏州农业职业技术学院	2
3		苏州经贸职业技术学院	2
4		苏州卫生职业技术学院	2
5		苏州市职业大学	1
6		苏州工业职业技术学院	2
7		苏州工业园区职业技术学院	2
8		苏州工业园区服务外包职业学院	1
9		沙洲职业工学院	1
10		苏州健雄职业技术学院	1
11		苏州高博软件技术职业学院	1
12		昆山登云科技职业学院	1
13		苏州信息职业技术学院	1

（八）国家级协同创新中心认定

2019 年 7 月，教育部发布了"关于公布《高等职业教育创新发展行动计划（2015—2018 年）》项目认定结果的通知（教职成函〔2019〕10 号）"，苏州全市有 7 所院校的 7 个协同创新中心被认定为"国家级协同创新中心"（表 3-45），占江苏省认定的国家级协同创新中心数的 14.58%。

表 3-45　苏州全市高职院校中国家级协同创新中心

单位：个

序号	项目名称	院校名称	数量
1	协同创新中心	苏州农业职业技术学院	1
2		苏州经贸职业技术学院	1
3		苏州卫生职业技术学院	1
4		苏州市职业大学	1
5		苏州工业园区服务外包职业学院	1
6		苏州健雄职业技术学院	1
7		昆山登云科技职业学院	1

【苏州工业职业技术学院】聚焦产业发展需求，校企共建智能制造研发中心

　　学院紧扣智能制造产业发展新需求，放大智能制造专业优势，建设交叉复合的高职"新工科"。优化高端人才"双聘"机制，围绕智能制造关键共性技术，校企共建协同创新中心。与汇川技术、江苏汇博等骨干企业合作建设智能成套装备集成技术研发中心；与昂拓科技、海克斯康测量技术等骨干企业合作建设智能加工单元技术研发中心；与莱克电气、高创电子等骨干企业合作建设嵌入式与物联网技术研发中心；与苏州海格、江苏太湖云计算信息技术、苏州国科综合数据中心等骨干企业合作建设大数据分析与人工智能技术研发中心。依托技术研发中心，学院 2019 年度获得授权发明专利 12 项、实用新型专利 98 项、软件著作权 30 项、横向项目到账经费 300 余万元。

五、信息技术应用

（一）信息化基础建设

2019年，苏州全市高职院校除了"纸质图书本学年新增数"和"中文纸质专业期刊"稍有下降外，其他信息化基础指标均较2018年度有所增长，见表3-46。

表3-46 苏州全市高职院校信息化基础状况

信息化基础	2018年	2019年	增量
管理信息系统/个	267	272	5
接入互联网出口带宽/Mbps	31 216	106 578	75 362
校园网主干最大带宽/Mbps	227 240	626 240	399 000
纸质图书总册数/万册	943.8	971.728 8	27.928 8
纸质图书本学年新增数/万册	40.66	31.962 4	-8.697 6
中文纸质专业期刊/种	15 550	8 700	-6 850
外文纸质专业期刊/种	325	331	6
电子专业期刊/种	493 219	527 042	33 823
网络信息点数/个	116 346	127 439	11 093
上网课程数/门	3 600	3 634	34
教学资源总容量/GB	292 602	3 208 974.76	2 916 372.76

【苏州农业职业技术学院】提速两张网络，夯实智慧校园基础

学院优化网络出口策略，校园有线网络出口带宽提速至2.3GB。改造现有网络架构，实现教学网络、办公网络、宿舍网络相对分离。增设校园无线网络设备，优化无线网络布局，提升重点公共区域的无线覆盖和数据处理能力，增强无线校园网的用户体验。构建SDN网络，按需定义智慧苏农网络。上线网络可视化运营维护管理平台，实现网络运营维护的精细化管理，实现校园网络安全、稳定、高效运行。

【苏州农业职业技术学院】推进媒体融合，构建大宣传格局

学院大力推进校园媒体融合发展，着力构建大宣传格局。依托融合门户、今日校园、融媒体等平台开展校内宣传和事务办理；微信、微博、抖音等新媒体齐发力展示学院风采；一年来，与校外媒体形成良性互动，在《人民日报》《新华日报》《中国青年报》《江苏教育》等主流媒体发布外宣稿件60余篇（不含转载）。借"樱花教室"走红网络东风，校内校外媒体、传统媒体与新媒体联动形成宣传合力，积极展示学校历史底蕴、办学实力、优良校风，取得了良好的社会反响，为学校发展营造了良好舆论氛围。学校选送的案例入选"全国高校全媒体优秀案例"，获评江苏省"2018年教育新闻舆论工作表扬单位""2018年度教育信息工作表扬单位"。

【苏州托普职业技术学院】全面建成微校园，提高学院信息智能化管理水平

学院微校园开通了校园消费（食堂就餐、购物）、用电查询及缴费、洗浴预约及使用、道闸等四项主要功能，以电子虚拟卡替代了传统实体卡，实现了师生通过手机自主充值，节省了人工和管理成本；在食堂、超市等消费场所扫码消费，自主充缴电费，查看电表余额和使用状况；预约洗浴；扫码打开水；数据统计、查询和结算；等等。接下来，学院将进一步挖掘和扩展腾讯微校功能，将多个公众号逐步整合到微校园公众号中；将学院已有的应用系统全部整合到腾讯微校的平台上，充分利用腾讯微校，提高学院信息智能化管理水平，为师生提供便捷、高效、优质的服务。

（二）状态数据平台应用

苏州全市高职院校积极利用信息化技术，及时采集学院数据，对比分析问题。2012年以来，根据国家和江苏省教育厅要求，已连续8年进行了高等职业院校人才培养工作状态平台数据采集工作。

高等职业院校人才培养工作状态数据采集与管理系统

账号登录
用户号
密码
验证码 1281
登录　忘记密码

软件下载　数据定义　信息发布　技术讨论

- 硅湖职业技术学院2019国家单机版终稿.xlsm
- 昆山登云科技职业学院2019国家单机版终稿.xlsm
- 沙洲职业工学院2019国家单机版终稿.xlsm
- 苏州百年职业学院2019国家单机版终稿.xlsm
- 苏州高博软件技术职业学院2019国家单机版终稿.xlsm
- 苏州工业园服务外包职业学院2019国家单机版终稿.xlsm
- 苏州工业园区职业技术学院2019国家单机版终稿.xlsm
- 苏州工业职业技术学院2019国家单机版终稿.xlsm
- 苏州工艺美术职业技术学院2019国家单机版终稿.xlsm
- 苏州健雄职业技术学院2019国家单机版终稿.xlsm
- 苏州经贸职业技术学院2019国家单机版终稿.xlsm
- 苏州农业职业技术学院2019国家单机版.xlsm
- 苏州市职业大学2019国家单机版终稿.xlsm
- 苏州托普信息职业技术学院2019国家单机版终稿.xlsm
- 苏州卫生职业技术学院2019国家单机版.xlsm
- 苏州信息职业技术学院2019国家单机版终稿.xlsm
- 苏州幼儿师范高等专科学校2019国家单机版终稿.xlsm

（三）职业教育专业教学资源库创建

2019年，苏州市职业大学（智能控制技术）在第一批国家级职业教育专业教学资源库项目评审中获得了1个项目的立项建设[①]，占江苏全省立项建设项目的1/4（全国15项）。苏州工业职业技术学院（自动化生产设备应用）、苏州工艺美术职业技术学院（视觉传播设计与制作）、苏州经贸职业技术学院（中国丝绸技艺民族文化传承与创新）3所院校在第二批评审中也获得了立项建设，占第二批全省立项建设项目的1/6（全国76项）。截至2019年年底，苏州市有6所高职院校获评7个国家级职业教育专业教学资源库项目，院校覆盖面为35.3%，其中，苏州工艺美术职业技术学院获评2个建设资源库项目。参照文件规定，每个职业教育专业教学资源库将有500~600万元的上级财政资助。表3-47是2017—2019年国家级职业教育专业教学资源库立项情况，表3-48是苏州市6个高职院校建设的国家资源库情况。

表3-47　2017—2019年国家级职业教育专业教学资源库立项情况

地区	项目数/个	参与院校数/所
全国	203	—
江苏省	47	—
南京市	13	7
无锡市	4	3
常州市	10	5
苏州市	7	6

数据来源：http://zyk.ouchn.cn/portal/index。

---

① http://zyk.ouchn.cn/portal/index。

表 3-48　苏州市 6 所高职院校建设的国家资源库情况

立项年份	院校名称	项目编号及名称	备注
2014 年	苏州工艺美术职业技术学院	2014-13 百工录：中国工艺美术非遗传承与创新	
2016 年	苏州农业职业技术学院	2016-07 民族文化传承与创新——江南园林文化与造园技艺传承与创新	
2016 年	苏州工业园区职业技术学院	2016-12 微电子技术	
2019 年	苏州市职业大学	2018-12 智能控制技术	第一批
2019 年	苏州工业职业技术学院	2019-66 自动化生产设备应用	第二批
2019 年	苏州工艺美术职业技术学院	2019-73 视觉传播设计与制作	第二批
2019 年	苏州经贸职业技术学院	2019-33 中国丝绸技艺民族文化传承与创新	第二批

数据来源：http://zyk.ouchn.cn/portal/index，http://www.moe.gov.cn/s78/A07/A07_gggs/A07_sjhj/202002/t20200218_422106.html。

【苏州农业职业技术学院】能学辅教，资源库助推人才培养

　　学院会同全国百位职教名师之力，携手以国家级非遗传承人为首的时代工匠、技术能手、专家学者，汇集 40 余家高等职业院校、行业协会、龙头企业的优质资源，共建"民族文化传承与创新子库——江南园林文化及造园技艺传承与创新"职业教育教学资源库，完成资源总数 17 715 个，计 484.28GB。创新构建了造园文化、造园技艺和造园创新等 24 门课程，将文化技艺课程融入学院人才培养体系，系统开发了 4 类用户典型学习方案，数万用户进行线上线下翻转课堂学习。资源库用户遍布全国 29 个省级行政区，覆盖率 83.6%。129 所职业院校和 71 家企业进行了课程学习，选课用户总数 11.93 万人，访问总量达 1 151.54 万次。25 名教师、80 名学生获全国职业技能大赛奖项，其中一等奖 19 项。

【苏州市职业大学】依托国家级教学资源库，助力准大学生"带着学分上大学"

　　学校是国家级职业教育智能控制技术专业教学资源库牵头建设单位。2018 年和 2019 年，学校依托职业教育专业教学资源库平台向提前招生录取的学生开展"带着学分上大学"活动，随录取通知书发放资源库学习账号，学生可通过资源库平台选修"智能制造时代的工匠精神"等课程，入学报到时就已修完 2 个学分的通识课程。活动的实施有效地填补了学生从录取到正式入学间 3 个月的学习空窗期，让学生提前熟悉大学广泛采用的在线开放课程学习形式，锻炼自主学习能力，为提前融入大学生活打下良好的基础。目前该活动方案在智能控制技术专业教学资源库共建共享联盟中推广，联盟已完善资源库共建共享联盟校际学分互认办法，并计划逐步构建依托资源库的职业教育课程认证学分银行，以实现校际课程转换和学分互认。

（四）全国高职院校教师信息化大赛

2019年，苏州农业职业技术学院、沙洲职业工学院2所院校教师在"2019年全国职业院校技能大赛教学能力比赛"中分别获得了1金1铜、1金的好成绩，较2018年增加了1块铜牌。获奖总数和金牌总数均占江苏省高职院校获奖数的1/4。2017—2019年，苏州农业职业技术学院获得了2金1银1铜的好成绩，沙洲职业工学院获得了1金1铜，苏州信息职业技术学院获得1金。表3-49是2017—2019年苏州全市高职院校获得全国职业院校技能大赛教学能力比赛奖项情况，表3-50是2017—2019年苏州全市高职院校教师获奖情况。

表3-49　2017—2019年苏州全市高职院校获得全国职业院校技能大赛教学能力比赛奖项情况

单位：个

获奖情况	2017年	2018年	2019年
一等奖	—	2	2
二等奖	2	—	—
三等奖	1	—	1
获奖院校数	2	2	2

数据来源：教职成厅函〔2020〕2号。

表3-50　2017—2019年苏州全市高职院校教师获奖情况

单位：个

年份	一等奖	二等奖	三等奖	获奖院校
2017年	—	1	—	苏州农业职业技术学院
	—	—	1	沙洲职业工学院
2018年	1	—	—	苏州农业职业技术学院
	1	—	—	苏州信息职业技术学院
2019年	1	—	1	苏州农业职业技术学院
	1	—	—	沙洲职业工学院

(五)全国职业院校学生技能大赛

2019年,苏州工艺美术职业技术学院等10所院校在"2019年全国职业院校技能大赛(高职组)"中获得了9金6银4铜的好成绩。金牌总数较2018年增加了4块,获奖总数19项,获奖院校数8个,分别较2018年增加了3块奖牌、2所院校。表3-51和表3-52分别是2017—2019年苏州全市高职院校获得全国职业院校技能大赛奖项概况和明细。

表3-51 2017—2019年苏州全市高职院校获得全国职业院校技能大赛奖项概况

单位:个

获奖情况	2017年	2018年	2019年
一等奖	7	5	9
二等奖	6	7	6
三等奖	5	4	4
获奖院校数	7	8	10

表3-52 2017—2019年苏州全市高职院校获得全国职业院校技能大赛奖项明细

单位:个

年份	一等奖	二等奖	三等奖	获奖院校
2017年	—	1	1	苏州经贸职业技术学院
	1	1	—	苏州卫生职业技术学院
	—	—	1	苏州市职业大学
	3	—	1	苏州工业职业技术学院
	2	3	—	苏州工业园区服务外包职业学院
	1	—	1	沙洲职业工学院
	—	1	1	苏州信息职业技术学院
2018年	—	—	1	苏州工艺美术职业技术学院
	1	1	—	苏州农业职业技术学院
	1	—	—	苏州经贸职业技术学院

（续表）

	一等奖	二等奖	三等奖	获奖院校
	—	3	—	苏州市职业大学
	2	2	1	苏州工业职业技术学院
	1	—	1	苏州工业园区服务外包职业学院
	—	—	1	苏州健雄职业技术学院
	—	1	—	苏州信息职业技术学院
2019年	—	—	1	苏州工艺美术职业技术学院
	1	—	—	苏州农业职业技术学院
	1	1	—	苏州经贸职业技术学院
	1	—	—	苏州卫生职业技术学院
	1	1	—	苏州市职业大学
	3	2	—	苏州工业职业技术学院
	1	1	—	苏州工业园区服务外包职业学院
	—	—	2	苏州健雄职业技术学院
	1	1	—	苏州信息职业技术学院
	—	—	1	苏州幼儿师范专科学校

【昆山登云科技职业学院】运用信息化手段，大力进行教学模式改革

学院大力进行教学模式改革，开展以任务为导向的项目化教学、理实一体化教学，通过多样化的混合学习与信息化的教学手段，提高课堂教学质量。学院每年举办信息化教学大赛，通过大赛促进教学改革与课程建设，进一步推动教师专业水平和教学能力提升，培养学生的专业素养，提高学生的学习兴趣，优化课堂教学效果。学院汽车检测与维修技术专业教师在2019年江苏省高等职业院校技能大赛中获二等奖1项，在2019年江苏省职业院校教学大赛中获三等奖3项。

（六）国家级共享资源精品课程创建

2018—2019学年，苏州全市有6所高职院校、8门课程被立项为"国家级精品资源共享课"建设项目（教高函〔2019〕1号），全国共有111门，江苏省共计60门，见表3-53。

表3-53　2016—2019年苏州全市高职院校国家精品资源共享课立项建设情况

单位：项

院校名称	2016—2017学年	2017—2018学年	2018—2019学年
苏州工艺美术职业技术学院	—	—	2
苏州农业职业技术学院	1	—	—
苏州经贸职业技术学院	1	—	1
苏州卫生职业技术学院	—	1	1
苏州工业职业技术学院	—	—	2
苏州工业园区职业技术学院	2	—	1
苏州工业园区服务外包职业学院	—	—	1

数据来源：http://www.moe.gov.cn/srcsite/A08/s5664/moe_1623/s3843/201901/t20190121_367540.html。

【苏州工业职业技术学院】全面实施"互联网+"课程改革，大力推进课程资源建设

　　学院课程资源建设以智能技术为引领，以信息技术与教育教学深度融合为原则，以"学校自建、教育园共建、跨校合建"三级递进课程建设为机制，大力支持教师利用各类智能技术和智慧教学平台开展教学改革与实践。学院自建精品在线开放课程15门、智能制造特色新课程9门，建成国际教育园共享课程4门、市精品在线开放课程4门、思政示范课程22门、江苏省高校精品在线开放课程12门，辐射苏州15所高校，受益学生数万人。学院主动顺应"互联网+"教育时代的变革，大力推进国家精品在线课程建设，《多轴数控编程与仿真加工（NXCAM）》和《计算机应用基础》2门课程已被认定为国家精品在线开放课程，学习人数多，辐射范围广。

（七）省级共享资源精品课程创建

2018—2019 学年，苏州全市 17 所高职院校中共有 114 门课程入围"江苏省高校在线开放课程立项建设名单"（表 3-54），占全省总数的 8.25%，占全省高职院校课程数的 16.84%。

表 3-54 苏州全市 17 所高职院校入围江苏省高校在线开放课程立项建设名单

序号	院校名称	课程名称	课程负责人
1	苏州工业园区职业技术学院	网络信息安全管理	杨泽明
2	苏州工业园区职业技术学院	微控制器编程基础	王海燕
3	苏州工业园区职业技术学院	建筑工程计量与计价	王丽梅
4	苏州工艺美术职业技术学院	非遗讲堂——苏州桃花坞木刻年画研究	张适
5	苏州工艺美术职业技术学院	艺术类大学生职业规划与就创业教育	罗玲云
6	苏州工艺美术职业技术学院	PPT 美化设计	肖金芳
7	苏州工艺美术职业技术学院	产品设计学习导论	李程
8	苏州工艺美术职业技术学院	手机摄影达人养成计划	王刚
9	苏州工艺美术职业技术学院	意线情针——苏绣技艺	洪锡徐
10	苏州工艺美术职业技术学院	古艺新生——服饰传承与创新	周琴
11	苏州工艺美术职业技术学院	三维设计基础	邱春来
12	苏州工艺美术职业技术学院	3DS Max 三维建模技术	林志浩
13	苏州工艺美术职业技术学院	琢玉成器——苏州玉雕技艺	李晓
14	苏州工艺美术职业技术学院	产品色彩设计基础	耿蕊
15	苏州工艺美术职业技术学院	形象设计	于越
16	苏州工艺美术职业技术学院	轻松玩转 Photoshop	姜双林
17	苏州农业职业技术学院	农产品营销	何钢
18	苏州农业职业技术学院	零售运营管理	钱鑫
19	苏州农业职业技术学院	江南园林植物艺术	龚维红
20	苏州农业职业技术学院	江南园林文化艺术	姚岚
21	苏州农业职业技术学院	超市生鲜经营管理	王志斌
22	苏州农业职业技术学院	农产品电子商务与新零售	庄诚

（续表）

序号	院校名称	课程名称	课程负责人
23	苏州农业职业技术学院	江南园林建筑艺术	李臻
24	苏州农业职业技术学院	蔬菜生产技术	陈军
25	苏州农业职业技术学院	香山传统建筑营造技艺	余俊
26	苏州农业职业技术学院	食品化学	夏红
27	苏州农业职业技术学院	园艺植物保护	钱兰华
28	苏州农业职业技术学院	日语会话基础	张文池
29	苏州经贸职业技术学院	EDA 技术	吴翠娟
30	苏州经贸职业技术学院	Python 程序设计	翟高粤
31	苏州经贸职业技术学院	外贸实务	吴雷
32	苏州经贸职业技术学院	大学计算机应用基础	戴锐青
33	苏州经贸职业技术学院	网络存储技术基础	李冬
34	苏州经贸职业技术学院	液压与气动技术	周曲珠 周文
35	苏州经贸职业技术学院	调酒艺术	王晓洋
36	苏州经贸职业技术学院	电子商务运营与推广	王利锋
37	苏州经贸职业技术学院	钩针编织艺术	汤伟芳
38	苏州经贸职业技术学院	优秀传统体育文化——武术	张艳
39	苏州工业职业技术学院	电路分析基础	王勤
40	苏州工业职业技术学院	嵌入式基础	吴振英
41	苏州工业职业技术学院	数字电子技术	邵利群 杭海梅
42	苏州工业职业技术学院	大学生职业能力提升	王震 陆娴
43	苏州工业职业技术学院	机械产品数字化设计实战——NX CAD 从入门到精通	石皋莲 季业益
44	苏州工业职业技术学院	C 语言程序设计	罗颖 雷晖
45	苏州工业职业技术学院 苏州信息职业技术学院	创新思维与方法	桂德怀
46	苏州工业职业技术学院	影视后期制作	徐厚华
47	苏州卫生职业技术学院	牙体解剖生理	潘灏
48	苏州卫生职业技术学院	寄生虫学检验	杜文娇 易丽娴
49	苏州卫生职业技术学院	运动学基础	肖波 王琼
50	苏州卫生职业技术学院	有机化学	郝利娜 石慧
51	苏州卫生职业技术学院	药理学及用药指导	韦翠萍 黄逸

（续表）

序号	院校名称	课程名称	课程负责人
52	苏州卫生职业技术学院	药物制剂	王琳 沈珺
53	苏州卫生职业技术学院	成人护理1	闻彩芬 庄前玲
54	苏州工业园区服务外包职业学院	创新创业企业经营模拟	丁强
55	苏州工业园区服务外包职业学院	客户关系管理（CRM）	杜茜
56	苏州工业园区服务外包职业学院	Android 基础应用开发	董明华
57	苏州工业园区服务外包职业学院	Java 程序设计	卢晨
58	苏州工业园区服务外包职业学院 苏州信息职业技术学院	计算机网络技术基础	阚宝朋 于大为
59	苏州工业园区服务外包职业学院	IC 制造工艺	李淑萍
60	苏州工业园区服务外包职业学院	数字图像合成	王玉军
61	苏州工业园区服务外包职业学院	经济学基础	冯瑞
62	苏州市职业大学	大学英语口语	赵阳 李英
63	苏州市职业大学	经济数学（一）	潘荣英
64	苏州市职业大学	创业基础	张国良
65	苏州市职业大学	工程制图与数字化表达	郭南初 赵海燕
66	苏州市职业大学	iOS 开发技术	牛丽
67	苏州市职业大学	Android 应用开发	罗伟
68	苏州市职业大学	机器人技术与应用	孙洪
69	苏州市职业大学	机械精度设计与检测	赵宏平
70	苏州市职业大学	食品微生物技术及应用	张采
71	苏州市职业大学	互联网金融理论与应用	周雷
72	苏州市职业大学	税费计算与申报	顾瑞鹏
73	沙洲职业工学院	特种加工技术	金捷
74	沙洲职业工学院	ASP.NET 动态网站设计与开发	许礼捷
75	沙洲职业工学院	外贸跟单实务	张海燕
76	沙洲职业工学院	计算机辅助设计（图形图像处理）	张洪梅
77	沙洲职业工学院	机织物结构与设计	于勤
78	沙洲职业工学院	建筑构造与识图	谭晓燕
79	沙洲职业工学院	电子商务实务	陆国浩
80	苏州健雄职业技术学院	UI 设计	高振清

(续表)

序号	院校名称	课程名称	课程负责人
81	苏州健雄职业技术学院 常州信息职业技术学院	软件测试基础	吴伶琳
82	苏州健雄职业技术学院	创业教育	吴成炎
83	苏州健雄职业技术学院	思想道德修养与法律基础	何茂昌
84	苏州健雄职业技术学院	微生物培养与检验	方月琴
85	苏州健雄职业技术学院	药品分析与检验	汤俊梅
86	苏州健雄职业技术学院	药物合成实验	程炜
87	苏州健雄职业技术学院	机械 CAD 软件及应用	石彩华
88	苏州健雄职业技术学院	机电控制系统安装与调试	崔玲玲
89	苏州健雄职业技术学院	国际货运代理实务	陶春柳
90	苏州百年职业学院	经济法基础	蒋慧芳
91	苏州百年职业学院	管理学基础	徐晨郁
92	苏州百年职业学院	个人理财	邱静远
93	苏州百年职业学院	金融市场基础	郭慧
94	苏州幼儿师范高等专科学校	学前教育科学研究方法	滕飞
95	苏州幼儿师范高等专科学校	学前教育学	滕飞
96	苏州信息职业技术学院	信息网络综合布线	张艳
97	苏州信息职业技术学院	移动软件 UI 设计	孙振坤
98	苏州信息职业技术学院	艺术欣赏（书法）	徐兵
99	苏州托普信息职业技术学院	网页设计与制作	金璐钰
100	苏州托普信息职业技术学院	JSP 动态 WEB 开发技术	齐燕
101	硅湖职业技术学院	汽车底盘构造与维修	梁文亮 张旭
102	昆山登云科技职业学院	汽车发动机构造与维修	刘言强 张文杰
103	昆山登云科技职业学院	汽车电器设备构造与维修	邱小龙 陈小虎
104	昆山登云科技职业学院	计算机基础及 MS Office 应用	王威 李占锋
105	昆山登云科技职业学院	商务礼仪	安娜
106	昆山登云科技职业学院	网店视觉营销	廖莎
107	苏州高博软件技术职业学院	程序设计语言基础	秦晓燕
108	苏州高博软件技术职业学院	公共英语1	张权 崔红梅
109	苏州高博软件技术职业学院	SketchUp 草图大师	江水明

(续表)

序号	院校名称	课程名称	课程负责人
110	苏州高博软件技术职业学院	学前音乐教育	袁晖
111	苏州高博软件技术职业学院	效果图设计（3DS Max）	张金威
112	苏州高博软件技术职业学院	Photoshop 数字图形基础	张薇
113	苏州高博软件技术职业学院	城市轨道交通票务管理	韩丽东
114	苏州高博软件技术职业学院	财务会计	陈莉釜

六、国际影响力

2019 年，苏州全市高职院校开展"国（境）外人员培训"约 5.9 万人日，较 2018 年上升了约 23.5%，在校生"服务'走出去'企业国（境）外实习"达 6 400 余人日，较 2018 年增加了约 25.7%，专任教师"赴国（境）外指导和开展培训" 达 1 万余人日，较 2018 年上涨了约 11.0%，"在国（境）外组织担任职务的专任教师"达 97 人，较 2018 年增长了约 18.3%，"开发并被国（境）外采用的专业教学标准"达 25 个，较 2018 年增加了 3 个，"开发并被国（境）外采用的课程"达 163 个，较 2018 年上涨了约 246.8%，"国（境）外技能大赛获奖" 33 项，较 2018 年增加了 5 项，"国（境）外办学点"9 个，较 2018 年增加了 3 个，见表 3-55。

表 3-55　2018 年和 2019 年苏州全市高职院校国际影响力

国际影响力	2018 年	2019 年	增量
国（境）外人员培训量/人日	47 825	59 069	11 244
在校生服务"走出去"企业国（境）外实习时间/人日	5 151	6 477	1 326
专任教师赴国（境）外指导和开展培训时间/人日	9 477	10 520	1 043
在国（境）外组织担任职务的专任教师人数/人	82	97	15
开发并被国（境）外采用的专业教学标准数/个	22	25	3

(续表)

国际影响力	2018年	2019年	增量
开发并被国(境)外采用的课程标准数/个	47	163	116
国(境)外技能大赛获奖数量/项	28	33	5
国(境)外办学点数量/个	6	9	3

数据来源：苏州市17所高职院校人才培养质量年报"年报数据"汇总。

【苏州工艺美术职业技术学院】师生作品精彩亮相米兰国际时装周

学院SGMART·MOUSE JI 2020春夏女装系列品牌发布会走上国际时尚舞台——米兰时装周。学院是第一个进入意大利米兰国际时装周官方日程的中国设计类院校。抽象的桃花坞年画传统图案，恰到好处地穿梭于现代服饰之间，将现代创意细节巧妙地融入中华民族的风情中。近年来，学院与国际著名设计师合作，组建教学团队，建设研发中心，开展联合培养。继系列作品参展北京国际时装周后，学院又瞄准国际舞台，将中国文化和元素用现代美学语言展现在顶尖时尚界。发布会取得了众多国际时尚界大咖的赞誉，国内外30多家媒体对此进行了集中报道。学院还同步举办工艺美术设计作品静态展，涵盖首饰、纤维、漆器、陶瓷、木版年画等传统工艺品类。

【苏州工艺美术职业技术学院】走出去！中华匠艺海外巡展——巴黎

法国时间2019年9月25日20点，苏州工艺美术职业技术学院中华匠艺海外巡展——"苏式生活"师生优秀作品法国巡展在巴黎蒙马特高地Paroisse Saint-Pierre教堂展厅隆重举行。法国各界人士参与了此次活动，这是学院中华匠艺海外巡展继意大利、西班牙、美国、荷兰等国展出之后进行的又一次海外巡展活动，为传播优秀中国传统文化提供了新的范式。开幕式后法国各界人士观看了展览，他们对展品新颖的设计和精致的工艺表示赞叹，对参展的学生作品给予了高度评价。许多参观者给参展学生留言，鼓励他们今后创作更多的优秀作品。这次展览主题为"苏式生活"，共展出包括首饰、漆器、篆刻、刺绣、工笔画、服饰、桃花坞木刻年画等在内的作品40余件，涵盖7大工艺种类。展览主题"苏式生活"突出体现了"吴文化"的内涵。长期以来，学校秉承"吴文化"的精髓，传承传统"苏作"工艺语言，融汇国际设计理念，传播地方优秀传统文化，为当代"苏式"生活方式提供了有力支撑。

【苏州农业职业技术学院】弘扬苏州园林技艺与文化，苏农学子赴日友好交流

学校积极拓展学生中外交流项目，致力于为学生提供更高、更多的海外交流学习机会，不断加大对学生海外学习交流的支持力度，注重丰富学生的海外文化体验。2019年11月，学校参与由中国人民对外友好协会举办的中日青少年友好交流活动，作为江苏省入选的唯一一所高职院校，学校选派的学生代表展现苏农学子风采，积极参与交流，分享苏州园林园艺文化学习经验，受到了参加交流的日本青年的青睐和好评。此次活动不仅开阔了学生的国际视野，更增进了中日友好交流，让日本青年学生更加了解苏州园林园艺技术和文化。

【苏州农业职业技术学院】农惠友邻，推进"一带一路"沿线国家留学生培养工作

为服务国家的"一带一路"倡议，提升国际化办学水平，学院于2019年结合自身办学特色，创新招生宣传模式，推进"一带一路"沿线国家留学生招生工作，继续招收"一带一路"沿线国家全日制外国留学生。经过学院审查、江苏省教育厅备案，共有来自刚果（布）、科特迪瓦、莱索托、老挝、印度尼西亚、塔吉克斯坦6个国家的25名留学生被录取，分别在设施农业技术与装备、现代农业技术、国际贸易实务等特色专业就读。学校为留学生量身定制专业课程，充分满足留学生发展现代农业技术、信息、贸易的需要。

【苏州农业职业技术学院】引融国际教育标准，建设园艺园林 BTEC 实训工厂

学院积极推进园艺、园林技术品牌专业建设，引进国外优质教育资源，培养社会急需的外向型人才。2016 年，学院与荷兰朗蒂斯教育集团签订 BTEC（Business &Technology Education Council）课程合作项目协议。项目第一阶段在本校进行，学生须按要求完成理论学习和语言培训；第二阶段在荷兰举行，要求学生完成实践和强化训练课程。在完成课程后，朗蒂斯教育集团将为通过规定考试的学员颁发 BTEC 国际证书。截至 2019 年年底，学校已有 100 名学生获得 BTEC 职业技能证书。本校在多年的 BTEC 项目基础上创新形式，与荷兰朗蒂斯教育集团荷兰学院合作建设园艺、园林 BTEC 实训工厂，为系统、完整地引入 BTEC 技能包提供载体，实现项目的规模化发展，同时也将为学校培养一批具有 BTEC 培训能力的教师。

【苏州农业职业技术学院】深化与"走出去"企业合作，建设印尼苏州农学院

学院为落实国家关于校企共同推进现代农业发展的精神，响应国家"一带一路"倡议，与印度尼西亚吉打邦国立理工学院、江苏省"走出去"农业龙头企业紧密合作，共同建设印尼苏州农学院。于 2018 年招收了 5 名第一批印尼籍农业专业留学生，于 2019 年与印度尼西亚吉打邦县签订了《共建印尼苏州农学院合作协议》。学院还在印度尼西亚吉打邦工业园挂牌"苏州农业职业技术学院印尼农业培训中心"，与吉打邦工业园入园企业本尚新材料、先锋木业等合作培养印尼籍企业员工。此举扩大了合作办学的广度与深度，使具有苏农特色的农业高职教育模式在印度尼西亚落地生根。

【苏州农业职业技术学院】建设农业科教培训中心，服务"一带一路"沿线地方经济建设

学院积极参与推进苏州市与刚果（布）黑角市的友城项目建设，完善以"援助输出"为导向的培训模式，拓展与"一带一路"沿线国家的合作深度和广度。学院以建设刚果（布）黑角市农业科教培训中心为重点，整合教学资源，制订园林、园艺专业人才培养方案，与当地农业部门合作开展农业科技培训，指导当地农户或农业企业进行农业生产。

【苏州经贸职业技术学院】学院与罗马尼亚、摩尔多瓦高等院校开展交流合作

　　学院与罗马尼亚、摩尔多瓦的伊尔福夫省巴尔布职业技术学院、杜米特鲁职业技术学院、锡吉什瓦拉职业技术学院和摩尔多瓦自由国际大学分别签署职业教育合作协议，探索共建高等职业技术教育机构"新丝路学院"。在中罗两国纺织服装行业协会与企业跨境贸易合作基础上，引进行业标准，开发企业课程，以"汉语+专业+产业"的形式，为77名全日制国（境）外留学生开设校企合作订单班，为留学生设计了包括书法、剪纸、茶艺、刺绣、武术在内的5门中国传统文化课程菜单供其选择学习。学院通过校际学分互认和课程共建，开展中国传统文化体验，共同培养服务国家"一带一路"建设和东欧"16+1"合作项目的国际型技能型人才。

【苏州市职业大学】"校企"联合培养，打造"智能制造高技能人才"培养基地

　　学校积极响应习近平主席建设中非命运共同体和中非"八大行动"倡议，加强中非文化和教育交流，为非洲青年提供职业技能培训。学校在教育部中外人文交流中心的指导下，与南非高等教育和培训部工业与制造业培训署、南非中国文化与国际交流中心合作开展南非大学生智能制造专业大类一年期实习实训项目，首批接收学生40名。学校依托江苏省工业自动化与智能控制产教融合平台，将学生培养纳入博众·凡赛斯自动化企业学院管理框架下，企业学院协调校企共同制订

人才培养方案，采用现代学徒制人才培养模式。学生在校学习6个月，学校将实际工程项目引入校内产教融合平台；在企业实习6个月，其间由专业工程师指导学生在电气读图、结构装配、电气接线、整机装配、单元测试、综合调试等环节轮岗实习。校企双方致力于培养对中国有感情、理解中国文化、熟悉中国设备和技术标准的技能人才，为"走出去"企业提供支撑。学校被南非高等教育与培训部工业与制造业培训署授予"南非高技能人才培养示范基地"称号。

【苏州健雄职业技术学院】与德国高校共建中德技能发展联盟

学院与德国马格德堡大学、不莱梅大学、萨克森—安哈尔州交通教育学院签署合作协议，开展港口运输与运营（Transpart）项目。TransPort 项目主要包括两方面内容：一是中德双方合作培养港口运营和运输专业人才；二是中德双方联合开发和建立中德技能发展联盟，双方开展长期合作，为中国市场提供多样性的物流职业培训服务，内容涉及培训、研发、咨询服务等。在此基础上，学院与德国几所高校共建中德技能发展联盟，双方将在物流专业领域开展国际合作，培养更多方向的物流管理专业人才，扩大物流服务领域范围，探索职业教育的更多可能性。

【苏州健雄职业技术学院】荣膺"2018亚太职业院校影响力50强"称号

苏州健雄职业技术学院凭借德国双元制教育本土化研究、实践与推广取得的优秀成果及深远的国际影响力，被亚洲教育论坛年会组委会授予"2018亚太职业院校影响力50强"称号。

亚洲教育论坛由博鳌亚洲论坛、联合国教科文组织、国家留学基金管理委员会与中国教育部共同主办，旨在进一步推动并深化中国与世界各国家之间在教育领域的交流与合作。亚洲教育论坛年会已举办15届，成为国际教育界有广泛影响力的教育组织。本届亚洲教育论坛年会围绕"服务'一带一路'建设，增进亚太职业教育合作"举行了"亚太职业教育国际合作论坛"，学院领导以职业教育专家嘉宾身份受邀参加高端交流。

【昆山登云科技职业学院】加强国际交流合作，共促高职教育腾飞

2019年4月29日下午，学院与奥地利模都尔大学签署了中奥合作办学项目MoU协议。双方代表进行了合影留念并就国际化办学、专业建设、项目发展等合作内容进行了交流。此次合作更是学院走向国际化办学的强推剂，此次学院与奥地利模都尔大学MoU的签约仪式不仅响应了中办、国办印发的《关于做好新时期教育对外开放工作的若干意见》、教育部印发的《推进共建"一带一路"教育行动》两个重要文件，而且有利于推动中奥职业教育国际合作，助力中国高等职业院校海外发展，探索出"互联网+国际教育"合作新模式，共同为学院推进国际化合作、建成中国特色高水平高职学校注入新的活力。

【昆山登云科技职业学院】积极开展专业IEET认证

为强化示范院校内涵建设，全面提升学院学生竞争力，学院引进中华工程教育学会（IEET）工程教育认证体系，申请机电一体化技术、建筑工程技术作为2019年参与认证专业，组织教职工开展专业认证在线培训。自2018年10月起，学院机电一体化技术专业、建筑工程技术专业积极筹备专业IEET认证工作，以学生为中心、以成果为导向，多次培训、研讨，构建了capstone课程体系。IEET是国内首家受教育部认可的专业评鉴机构，通过IEET认证，确认一个专业能够持续达成其教育目标及毕业生具备了专业所需的核心能力，代表专业具备了良好的教育质量，其毕业生的学历将受到国际认可。目前，学院IEET专业认证已进入了冲刺阶段，各职能部门、专业认证项目组齐心协力，高质量地完成了专业认证自评报告的撰写和相关佐证材料的准备工作，IEET专业认证推进了学院教育教学改革，也推进了学院事业的高质量发展。

【苏州百年职业学院】请进来！承担巴拿马学生来苏学习中文项目

学院承担的"巴拿马学生来苏学习中文项目"是中国与巴拿马正式建交以来两国在高等职业教育领域实现的第一个合作项目。该项目于2018年3月正式启动，巴拿马政府从3 000余名申请者中筛选出52名优秀学生作为首批学员来学院学习，其中33人的学习周期为12个月、19人的学习周期为18个月。学院高度重视该项目的实施，严

格甄选授课教师，结合巴拿马学生的特点，制订合理的学习计划，定期组织学生进行文化体验，不断地完善教学和管理，严格把控教学质量，旨在让学生学好汉语、了解中国文化。2018年9月，来华访问的巴拿马总统巴雷拉亲自邀请正在学院学习的首批巴拿马学生参加总统午宴。在巴拿马驻沪领事馆的安排下，52名巴拿马学生都参加了总统午宴，并受到巴雷拉总统的亲切会见，巴雷拉总统对学院承担该项目所取得的成绩给予了充分肯定。2019年3月，第二批50名巴拿马学生来到学院，开始他们为期一年的中文学习之旅。学院自承担巴拿马学生来苏学习中文项目一年多以来，成效显著，得到了巴拿马总统和巴拿马政府的高度认可，并且在国际生之间赢得了良好的口碑，表明学院在高职院校国际化办学方面已经具有了一定的影响力。

【苏州高博软件技术职业学院】极具特色的中外合作学生培养模式

  2018年,加勒比地区的西印度大学"中国信息工程学院"首批28名留学生正式进入该校国际学院开始了他们大学后两年的学习生活。2019年又有10名同学来学院留学。中国信息工程学院是苏州高博软件技术职业学院服务于国家"一带一路"倡议,与西印度大学(The University of the West Indies)合作举办的本科层次的二级学院,专业为软件工程(移动应用技术),主要采用"2+2"合作培养模式,以跨国分段教学形式实施本科学历教育,即西印度大学负责招生和前两年的教学,学生后两年到苏州高博学习和实训。高博利用自身校企结合、注重实践的优势以及学院所在地苏州高新区科技城人才聚集、大院大所众多,对学生培养有利的条件,为学生提供应用学习和企业

（基地）实训。学生完成4年的学习后由西印度大学颁发学位证书，高博颁发毕业证书或专业技能证书。高博学院和西印度大学的这种反向"2+2"学生培养模式有利于双方利用各自的优势为外国培养信息技术应用型人才，是中外合作办学模式的一种创新。

【苏州幼儿师范高等专科学校】请进来！中加幼教系师生的互动活动

2019年5月28号上午，万类竞绿、微风轻轻的校园里再次迎来了加拿大乔治布朗学院（George Brown College）幼教系的师生。他们一行在系教授Kimberly Bezaire博士和附属尼尔森曼德拉幼儿园园长Nelson Hillier的带领下对学校进行了友好访问。客人参观了校园，浏览了专业教室、实训室、图书馆等，接着走班随堂观摩了一些艺术类的技能课。其中，在赵欢老师的书法课上，客人饶有兴趣地参与小组书法练习，跟着学校的老师和学生一起练习书法，而老师和同学们也非常热情地指导客人如何握笔、运笔和顿挫，最后客人们拿着自己的作品露出了开心的笑容，同时感叹汉字文化的魅力和书法的艺术之美。

【苏州幼儿师范高等专科学校】走出去！师生赴加拿大乔治布朗学院参加夏校活动

　　2019年暑假，学校第二批学生于7月7—28日在加拿大多伦多乔治布朗学院（GBC）进行了为期三周的夏校英语学习活动。夏校英语学习的主题是多元文化。课堂上游戏式和合作式学习把学生各自的智慧叠加在一起，学生由此获得启发，产生新的灵感。英语课的开放和包容，让学生们在做中学、玩中学，不断尝试探索新的知识，给他们带来了独特的课程体验。在GBC的附属幼儿园见习和参与活动也是夏校一大收获。GBC的附属幼儿园有来自各个国家、各个种族、各个阶层的孩子。这里的幼教理念是将教学建立在玩的基础上，学生通过游戏和实践来获取知识。而老师是更有能力的同伴，她们不教孩子怎么做，只是引导孩子，让孩子从自主探索和游戏中养成良好的行为习惯，获得经验。课堂之外的另一些绝佳学习之地，就是当地的博物馆、艺术馆、水族馆与历史名胜等。学生们在"馆"中体验学习的乐趣。除此之外，学生还领略了多伦多尼亚加拉瀑布、安大略湖等地的迷人风景，还在蓝鸟俱乐部第一次现场观看了一场极具吸引力的棒球赛。这三周中，双方结识彼此，收获友谊，更收获了成长。

第三部分 教育教学

第四部分 政府履职

一、顶层设计

（一）健全组织架构

在苏州市教育主管部门的指导和协调下，苏州高职高专院校联席会议成员学校涵盖了苏州大市范围内的 17 所高职院校、6 所五年制高职院校和 1 所独立学院。各个院校密切配合政府实施的各项教育改革重大工程，积极推动苏州高职高专教育的改革与发展，为促进地方经济建设做出了积极的贡献，成为苏州教育行政管理的重要补充。

2013 年以来，在苏州市教育局和苏州高职高专院校联席会议的指导与协调下，教学、学工、后勤和产教四大联盟先后成立，它们明确分工，有的放矢地加强各项工作交流和研讨，带动了整个高职高专院校联席会议的工作。图 4-1 是苏州高职高专联席会议及四大联盟架构示意图。

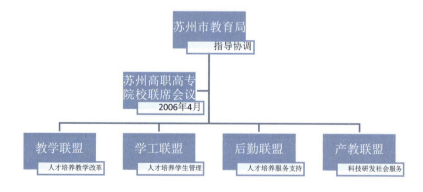

图 4-1 苏州高职高专联席会议及四大联盟架构示意图

近年来，联席会议及下属四个联盟开展了大量活动，取得了很大成绩，部分工作成为江苏省乃至全国同类城市的创新典型，提升了苏州职业教育的知名度和美誉度。例如，教学联盟开展了优秀新专业、新课程评比，遴选优秀教学团队，编写《苏州市高等职业教育质量报告》；学工联盟开展了高职高专院校辅导员职业技能大赛，编写《苏州市高职高专院校毕业生就业创业质量报告》；后勤联盟开展了后勤人员岗位技能比赛、以食品安全等为主题的宣传与培训；产教联盟开展了创客大赛、3D打印大赛、校企合作示范组合及定点实习企业评比等。四个联盟的工作延伸了联席会议的工作范围，促进了院校交流合作，取得了显著的工作成效。

（二）搭建共享平台

在苏州市教育局的统筹和指导下，苏州市校企合作服务平台（www.szsecp.com）得以建立，该平台可以满足苏州市的院校与企业合作的需求，实现线上信息对接，线下实体对接。从个人用户的找工作、找实习、找留学、找培训，到企业用户的找合作、找培训、找招标信息，再到院校用户的学生就业、科研转化、实训基地共建、职称评定信息等，为不同用户提供多方面的服务。2016年3月18日，平台正式上线运行，截至2019年年底已经入驻企业2 000余家，在苏的46所大中专和技工院校都已上线成为会员单位，有效用户数量已经多达60 000余个。

二、政策落实

为加快现代职业教育体系建设，深化产教融合、校企合作，增强职业教育服务经济和社会发展的能力，根据《中华人民共和国职业教育法》和其他有关法律、法规，以及苏州市的实际需求，苏州市委、市政府、教育局等单位相继制定或出台了《苏州市职业教育校企合作促进办法》（苏府规字〔2014〕4号）、《关于进一步加强高技能人才队伍建设的意见》（苏府办〔2015〕33号）、《关于加快发展全市现代职业教育的实施意见》（苏府〔2015〕119号）、《关于进一步做好全市现代职业教育体系建设试点项目实施工作的指导意见》（苏教高职〔2017〕7号）、《苏州市人民政府关于加快推进现代职业教育体系建设的实施意见》（苏府〔2017〕119号）、《苏州市职业技能提升行动计划实施意见》（苏府办〔2017〕372号）、《苏州市职业教育校企合作促进办法》《省市共建苏州高等教育改革试验区实施方案》《关于进一步做好毕业生求职创业补贴发放工作的通知》（苏人社发〔2017〕380号）、《关于推进苏州市职业院校企业学院建设的意见》（苏教高职〔2018〕9号）、《关于全面推行现代学徒制的实施意见》（苏教高职〔2018〕38号）、《教育均衡、优质发展三年行动计划（2018—2020）》（市两会）、《市政府关于加快推进职业教育现代化的实施意见》（苏府〔2020〕33号）等指导性文件，完善了苏州市职业教育发展的顶层设计，明确了全市职业教育的发展目标和实现途径，构建了高技能人才激励机制，职业教育发展的多项指标被列入年度政府教育目标责任考核，为苏州的高等职业教育乃至苏州的高等教育指明了方向，奠定了基础，激发了活力，增强了动力。

苏州高职高专联席会议各联盟也陆续出台了苏教高职〔2017〕28号、苏教高职〔2018〕23号、苏教高职〔2018〕34号、苏教高职〔2019〕26号、苏教高职〔2019〕56号、苏教高职〔2019〕61号等文件，为苏州全市高职院校产教融合、校企合作指明了方向。

【苏州市顶层设计职业教育发展，统筹发展产教融合】
苏州市委市政府积极引领苏州职业教育现代化发展进程，深化产教融合，不断提升职业教育办学水平和人才培养质量。苏州市委市政府印发《关于深化产教融合的实施意见》（苏府办〔2019〕193号），明确：到2020年，产教融合发展长效机制基本建立，培育一批产教融合平台，遴选一批产教融合试点院系，认定一批产教融合型企业，实施一批产教融合协同育人项目；到2025年，基本实现产教统筹融合，校企协同育人机制全面推行，人才培养模式需求导向逐步完善，支撑高质量发展的现代人力资源体系逐步建立，职业教育、高等教育对创新发展和产业升级的贡献显著增强。

【苏州市教育局协调解决扩招瓶颈，统筹在苏高职院校落实扩招任务】
苏州市教育局认真学习江苏省教育厅《高职院校面向社会人员开展全日制学历教育试行办法》（苏教职〔2019〕9号）规定，组织召开了苏州高职高专院校联席会议，开展了专题学习与研讨。苏州市教育局高职处还走访了在苏高职院校的招生部门，认真听取院校落实扩招任务的难点问题，帮助学校出谋划策，协调解决住宿、教学、实训单位等问题，有效推进了高职扩招任务在苏州高职院校的落实成效。全省第一批共20所试点院校，苏州市有2所，共设置招生计划800人，报名数801人，实际录取644人。全省第二批共87所试点院校中苏州市有15所，占全市高职院校的88.24%，共设置招生计划8 160人，报名人数4 148人。

【苏州健雄职业技术学院】地方政府强有力的保障为学院高质量发展奠定基础
太仓市政府非常重视职业教育在经济和社会发展中的基础性作用，一贯大力支持学校发展。作为市属高校，苏州健雄职业技术学院办学资金来源于地方财政。2018年，为支持示范校建设，政府投资建成大学科技园,面积达 32 万平方米、扩建中德培训中心,完善校区基础设施,投入专项校园维修经费,按学校年总收入的 40%奖补示范及高水平学科建设经费。此外,为了鼓励学校提高办学质量,太仓市市长亲临学校现场办公,就学校的内涵建设提出了更高的要求,同时增设了一个预算内财政拨款项目:奖励性财政拨款。每年的拨款数是前三年事业性收入平均数的 10%至 40%不等。2018 年政府奖励性财政拨款为 1 136.5 万元,为学院各项事业的发展提供了强有力的支撑。

三、专项建设

(一)现代职教体系建设

为深入学习贯彻中国共产党的十九大和全国教育大会精神,全面落实《国家职业教育改革实施方案》《省政府关于加快推进职业教育现代化的若干意见》(苏政发〔2018〕68 号)要求,把职业教育摆在教育改革创新和经济社会发展中更加突出的位置,牢固树立高质量发展理念,不断提升职业教育办学水平和人才培养质量,增强职业教育服务发展的能力,加快推进职业教育现代化,打通职业教育"断头路",不断完善职业教育体系建设,近年来,苏州市始终把教育优先发展作为长期坚持的重要方针,通过布局优化、产教融合、内涵建设、交流合作等一系列举措,大力推进职业教育改革与发展,着力建设具有苏州特色、充满生机活力的现代职业教育体系。

苏州市是江苏省确定的现代职教体系建设首批试点城市。2012 年以来,苏州市开展了一大批试点项目的实践,成效显著,促进了中高等职业教育、应用型本科及专业学位研究生的融合贯通。2017 年 8 月,苏州市人民政府印发了《关于加快发展全市现代职业教育的实施意见》（苏府〔2017〕119号）。该实施意见的第一项重点任务就是构建现代职业教育体系。表4-1是2019年苏州市高职本科（4+0）、专本衔接（3+2）和中高职衔接（3+3、4+2）现代职教体系试点项目情况。表4-2是苏州市现代职教体系试点项目在江苏全省占比情况。

表4-1　2019年苏州市现代职教体系试点项目情况

指标	4+0	3+2	3+3	4+2
院校数/所	3	8	10	1
项目数/项	4	17	83	4
学生数/人	150	740	3 290	160

表4-2　2019年苏州市现代职教体系试点项目在江苏全省占比情况

单位：%

指标（苏州市相对于江苏全省）	4+0	3+2	3+3	4+2
项目数占比	14.8	18.9	13.6	26.7
学生数占比	13.5	18.8	13.3	24.8

（二）市级联盟专项工程

苏州市教育局和苏州高职高专院校联席会议指导下的教学、学工、后勤和产教四个联盟，每年均以专项的形式对教学成果奖、专业建设、精品资源共享课程建设、师资团队建设、校企合作、教学改革等进行财政支持。表4-3是2019年苏州高职高专联席会议四个联盟工作汇总。

表 4-3 2019 年苏州高职高专联席会议四个联盟工作汇总

序号	名称	内容
1	教学联盟	立项建设苏州市高职品牌专业 10 个 立项建设苏州市优秀教学团队 10 个 立项建设苏州市教改课题 60 项 编写《苏州市高等职业教育质量年度报告》1 部 组织开展教学管理干部研修班 2 次
2	学工联盟	开展心理微海报设计大赛评选 开办辅导员素质能力提升培训班、高级研修班 征集辅导员工作案例 立项学生工作课题
3	后勤联盟	开展"党性与革命传统教育"培训 1 次 开展后勤联盟岗位技能比赛 1 次 开展后勤课题研究 21 项（重点 9 项）
4	产教联盟	大学生创客比赛 1 次 大学生专业技能比赛 1 次 定点实习、校企合作示范组合评比 开展课题研究 27 项

四、质量监测

（一）质保队伍健全

2019 年，苏州全市高职院校督导管理队伍 111 人，较 2018 年减少了 15 人，校均 6.5 人。其中，专职教学督导管理队伍 82 人，较 2018 年减少了 10 人，校均 4.8 人，见表 4-4。

表 4-4 2017—2019 年苏州市高职院校质量督导队伍

单位：人

质保队伍	2017 年	2018 年	2019 年
合计人数	98	126	111
在编人数	74	92	82

(二）教学质量测评

2018年,苏州全市高职院校制定的教学管理文件共计约1 400份,校均82个。评教客体（教师）的覆盖面较2017年提升了1个百分点,详见表4-5。

表4-5　2017—2019年苏州全市高职院校教学测评

教学管理指标	2017年	2018年	2019年
已制定的文件总数/个	1 254	1 437	1 325
评教客体覆盖面/%	96.85	98.51	98.17
学生参与评教比例/%	96.26	97.95	98.54
同行参与评教比例/%	97.62	99.00	98.80
校领导参与比例/%	100.00	96.00	95.23
社会参与评教的比例/%	88.52	87.79	85.52
专职督导人员平均周工作时间/小时	25.62	26.59	28.62

（三）教学质量研究

2019年,苏州全市高职院校均设有高职研究所,共有研究人员61人,其中专职在编58人,较2018年均减少了11人,详见表4-6。部分院校无专职研究人员。这种情况不利于目前高职院校的"诊断与改进"与"内部质量保证体系"的研究和完善。

表4-6　2017—2019年苏州全市高职院校专职研究队伍情况

单位：人

专职研究队伍	2017年	2018年	2019年
合计人数	50	72	61
在编人数	60	69	58

(四) 培养质量监控

苏州全市高职院校均在院校网站上公布了该校人才培养质量年报和企业年报,接受公众的查阅。质量年报年度公布已成为苏州全市高职高专院校的年度惯例。

(五) 质保体系建设

苏州全市高职院校努力健全机构,设置了质量管理办公室、质量控制办公室或质量控制处等部门,成立了质量保证委员会,以问题为导向,基于院校各自实际,努力完善内部质量保证体系。其中,苏州农业职业技术学院已被列入第二批江苏省级复核院校,成为苏州市高职院校第一所复核院校,预计于2019年年底前完成省级复核。

五、经费保障

(一) 生均财政拨款

2019年,苏州全市17所高职院校年生均财政拨款水平均值约2.128 8万元,较2018年增加了约320元,是同期江苏省均值的1.29倍,其中年生均财政专项经费达6 430.83元,较2018年增加了约1 000元,是同期江苏省均值的1.27倍。详见表4-7和表4-8。

表 4-7 苏州全市 17 所高职院校各指标平均值一览

指标	2017 年	2018 年	2019 年
年生均财政拨款水平/元	17 916.26	20 961.52	21 288.24
其中：年生均财政专项经费/元	4 808.84	5 404.20	6 430.83
教职员工额定编制数/人	5 180	5 185	7 018
在岗教职员工总数/人	5 036	5 049	6 987
其中：专任教师总数/人	3 596	3 656	4 883
其中：专任教师年培训量/人日	—	45 650.25	54 702.00
企业提供的校内实践教学设备值/万元	5 628.92	5 333.85	10 737.22
年生均校外实训基地实习时间/人时		411.11	415.12
生均企业实习经费补贴/元	232.56	243.35	190.45
其中：生均财政专项补贴/元	20.46	20.68	11.76
生均企业实习责任保险补贴/元	51.07	39.70	26.77
其中：生均财政专项补贴/元	5.00	5.00	2.45
企业兼职教师年课时总量/课时	312 794.36	308 037.00	385 788.60
年支付企业兼职教师课酬/元	19 912 070.00	23 560 249.00	28 584 684.40
其中：财政专项补贴/元	3 457 400.00	3 662 800.00	4 818 520.00

数据来源：年报指标、案例汇总（平台数据）。

表 4-8 苏州全市 11 所公办高职院校指标平均值一览

单位：元

指标	江苏省	苏州市	区域 4 省属	区域 7 市属
年生均财政拨款水平	17 510.13	22 568.65	24 319.42	21 568.20
其中：年生均财政专项经费	5 078.57	6 323.57	4 810.23	7 188.34

图 4-2 是 2019 年苏州全市 11 所公办高职院校财政拨款情况，图 4-3 是 2018 年和 2019 年苏州全市 11 所公办高职院校财政拨款情况，图 4-4 是 2019 年苏州全市省属与市属公办高职院校财政拨款情况，图

4-5 是 2018 年和 2019 年苏州全市 17 所高职院校财政拨款情况。

图 4-2　2019 年苏州全市 11 所公办高职院校财政拨款情况

图 4-3　2018 年和 2019 年苏州全市 11 所公办高职院校财政拨款情况

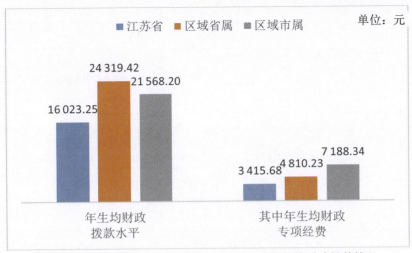

图 4-4 2019 年苏州全市省属与市属公办高职院校财政拨款情况

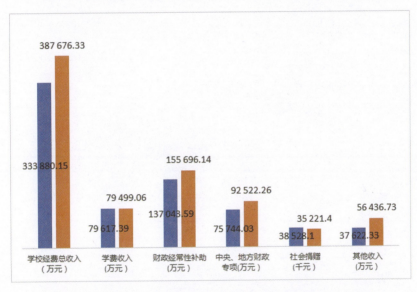

图 4-5 2018 年和 2019 年苏州全市 17 所高职院校财政拨款情况

（二）专项工程拨款

苏州市政府对现代职教体系、苏州高职高专联席会议四大联盟的项目均实施了财政专项补贴。2015—2019 年，苏州市财政共计为其拨付了 2 800 余万元，其中现代职教体系专项经费 1 480 余万元，四个联盟专项经费 1 340 余万元，详见表 4-9。

表 4-9　2015—2019 年苏州市财政专项拨款情况

单位：万元

指标	2015 年	2016 年	2017 年	2018 年	2019 年
现代职教体系专项经费	283	300	300	300	300
四个联盟专项经费	167	183	285	355	355

第五部分 服务地方

一、服务区域人才需求

（一）本地市高职人才就业情况

2019 年，苏州全市高职高专院校毕业生总规模达 3.25 万人（含应届毕业生和往届留学、休学以及复员军人等），较 2018 年增加了 569 人，截至当年 9 月 1 日就业 3 万人，就业率为 92.41%，较 2018 年同期下降了 2 个百分点，留在苏州市初次就业率为 41.69%，较 2018 年同期下降了 7.5 个百分点。截至 2019 年年底，苏州全市 17 所高职院校的应届毕业生就业率平均为 98%左右，留在苏州大市就业人数有较大的增加，有 2 万余人留在苏州就业，留在苏州市的毕业生就业率为 64.54%，与 2018 年同期基本持平(64.7%)。

2019 届毕业生在毕业半年后本地就业率较初次就业率上升了 22.85 个百分点。

（二）本地就业专业规模分析

2019 年，在苏州大市内就业人数最多的是会计专业，其次是机电一体化技术、护理等专业，与 2018 年基本相同。

二、助推社会服务

（一）服务民生

苏州全市高职院校为西部地区学生、常住户口所在地为农村的学生、贫困地区学生和少数民族学生实施了学费减免与勤工俭学及奖助学金资助。2019 年，奖助学金资助总金额 1.872 8 亿元，与 2018 年 1.841 2 亿元基本持平，惠及学生 9.54 万人，较 2018 年 8.41 万人增加 1 万余人，占全市高职高专院校在校生总数的 92% 左右，较 2018 年增加了近 8 个百分点，见表 5-1。

表 5-1　2018 年和 2019 年苏州全市高职院校服务民生一览

服务民生指标	2018 年	2019 年	增量
奖助学金额/万元	18 412.23	18 728.53	316.30
奖助学人数/人	84 137	95 409	11 272
西部地区学生数/人	5 464	8 611	3 147
常住户口所在地为农村的学生数/人	66 903	67 894	991
贫困地区学生数/人	2 938	4 964	2 026
少数民族学生数/人	1 644	2 522	878

【苏州健雄职业技术学院】创新教育精准扶贫模式

本着"教育帮扶、资源共享、紧密合作、均衡发展"的原则，学院与贵州玉屏县、陕西省周至县教育局等部门开展了合作帮扶活动，录取贵州省玉屏县籍学生 42 人，陕西省周至县籍学生 7 人，针对对口帮扶精准施策，落实 3 年免学费、每年 4 000 元困难补助的资助政策。学院机关一支部结合"不忘初心、牢记使命"主题教育，创新机关党建活动方式，发动党员教师精准开展"1 对 1"结对帮扶，同时启动玉屏学生"双创"实施项目，为同学们的专业学习、思想状态、创业就业等方面提供全方位的咨询和服务。此外，还取得当地教育部门对学生交通费和生活补助的相关政策支持，共同助力每一位同学成长成才。

【昆山登云科技职业学院】扶贫更扶志，温暖一直在

昆山登云科技职业学院用用心、走心、贴心及暖心的"四心服务"为家庭经济困难学生和家长们传递热情与温暖。例如，携手社会爱心人士开展"学习进步奖"评选活动，为20名申请助学金的大学生传递学业助学金1万元；响应教育部号召，大学生勤工俭学由原来的10元/时上调到15元/时；发放国家励志奖学金、国家助学金近200万元。在提供经济资助的同时，登云学院也注重对学生的精神帮扶。在迎新及开学期间，为来自偏远地区的家庭经济困难新生家长提供免费住宿、免费就餐服务，彰显人文关怀；为通过"绿色通道"的家庭经济困难学生发放无标识爱心助学包（内含食堂餐券、雨伞、矿泉水、《昆山登云科技职业学院资助手册》和《优秀学生成长启示录——励志登云》等物品），将物质资助与精神育人相结合；开展公益积分兑换、德育积分兑换等活动，鼓励同学们自立自强、心怀感恩，扶贫更扶志。

（二）复员军人培训

2019年，苏州全市高职高专院校的社会培训总数约为5.37万人日，较2018年有所下降，见表5-2。

表5-2 2018年和2019年苏州全市高职高专院校复员军人等培训情况

复转/退役军人	2018年	2019年	增量
当年复转军人招生数/人	1	12	11
当年退役士兵招生数/人	59	106	47
在校生中的复转军人数/人	39	16	-23
在校生中的退役士兵数/人	138	330	192
学校当前社会培训总数/人日	124 766	53 668	-71 098
社会培训中的复转军人/人次	1 640	0	-1 640
社会培训中的退役士兵/人次	9 980	236	-9 744

【苏州高博软件技术职业学院】军民共育无人机创新型复合人才

学校机电工程学院主动响应国家号召，借"产学研"合作之力，积极寻求无人机行业应用与军事应用的交汇融合点，与苏州市虎丘区人武部合作成立无人机民兵分队，这也是为了落实习近平总书记"把军民融合发展上升为国家战略"的要求，做好"平时服务，急时应急，战时应战"的准备，在积极探索军民共建技能培训新模式的同时圆满完成部队下达的任务。帮助苏州市虎丘区人武部累计完成三批73人次的无人机民兵骨干集训，切实解决了地方人武部无人机专业训练不到位的问题，增强了无人机民兵分队的作战能力。

（三）公益性服务

2019年，苏州全市高职高专院校共完成公益性培训服务54.13万人日，校均3.18万人日，总量较2018年增长了约30%；基层社会服务人员培训服务达12.55万人日，较2018年增加了近7倍；非学历培训服务38.8万人日，较2018年增加了约52%；技术技能培训服务约15.9万人日，较2018年上涨了约17%；新型职业农民培训服务近6.5万人日，较2018年上升了约2.5个百分点；退役军人培训服务近2.8万人日，较2018年增加了约44.7%，见表5-3。

表 5-3 2018 年和 2019 年苏州全市高职高专院校公益性服务一览

单位：人日

公益性	2018 年	2019 年	增量
公益性培训服务	415 004	541 372	126 368
非学历培训服务	256 443	388 620	132 177
技术技能培训服务	135 909	159 080	23 171
新型职业农民培训服务	63 371	64 959	1 588
退役军人培训服务	19 310	27 942	8 632
基层社会服务人员培训服务	15 894	125 540	109 646

【苏州工艺美术职业技术学院】助人育人，让爱传递——"关爱特殊儿童"志愿服务项目

学院积极搭建平台，组织各类受资助学生参与"关爱特殊儿童"志愿服务项目，传递爱与关怀，回馈社会，让爱流动，让爱永恒。"关爱特殊儿童"志愿服务以仁爱，奉献为主题，旨在通过鼓励受资助学生积极参与志愿服务，奉献爱心，帮助和陪伴患有自闭症、智力发育障碍等特殊儿童，缓解患儿照顾者的生活压力，同时也培养受资助学生感恩生活、甘于奉献、持之以恒、克服困难的积极心理品质。自 2014 年 10 月至今，受助大学生志愿者们持续于每周末及暑假期间为旺山街道自闭症儿童提供志愿服务，他们用耐心、亲切的陪伴，为自闭症儿童带去了欢乐和美好记忆。为保障志愿服务的专业性、规范性，受助大学生自发组织专业培训，并制作了过程监管及后期反馈表格，让每位参与者填写，收到了良好的效果。该项目获江苏省红十字会"博爱青春"暑期志愿服务项目立项，被评为中国职业技术教育学会高职德育工作优秀案例。

【苏州农业职业技术学院】突出为"农"特色，打造社会实践闪亮品牌

学院强化实践育人，以实际行动助力精准扶贫，服务乡村振兴战略，使学生在奉献农业农村的生动实践中受教育、长才干、做贡献。学院依托暑期社会实践，组织师生共同组建理论普及宣讲团、美丽中国实践团、科技支农帮扶团、教育关爱服务团、农耕文化遗产寻访团等 40 多支团队，走进全国各地乡镇农村、革命老区和农业生态园等，深刻感受新时代农村的喜人变化，充分发挥自身专业优势，打造一批助力乡村振兴、美丽乡村建设、革命老区发展、巡礼江南农耕文化的精品特色项目。2018 年，学院团支部被评为江苏省五四红旗团支部，学院被评为江苏省暑期"三下乡"社会实践先进单位，多个项目获评全国"镜头下的三下乡"优秀报道、优秀摄影奖等。

【苏州市职业大学】校地共建苏州首个大学生应急救护培训基地

　　学校认真落实江苏省百万大学生应急救护提升行动要求，聚焦提升师生应急救护能力，与苏州市红十字会共建了苏州市首个大学生应急救护培训基地，合力推进大学生素质教育。在学校全面普及应急救护培训，开展应急救护竞赛，提升师生应急救护能力和综合素质；组织应急救护志愿者进学校、进社区、进行业，普及应急救护知识，服务大型赛会应急救援，开展"博爱青春"志愿服务，在服务中培养学生的志愿精神和社会责任感。培训基地获评江苏省"优秀应急志愿组织"、江苏省"优秀红十字志愿服务组织"、苏州市科普教育基地、江苏省暑期"三下乡"社会实践十佳团队，志愿服务项目获评江苏省"博爱青春"志愿服务"十佳优秀项目"。

【苏州健雄职业技术学院】"紫薇树支教团"再赴灌南县开展暑期支教公益活动

　　2019 年暑假，苏州健雄职业技术学院"紫薇树支教团"再赴连云港灌南县开展为期 9 天的暑期支教公益活动。本次赴灌紫薇树支教团共由 16 名在校大学生和 1 名带队教师组成，分赴新集镇陈刘村和孟兴庄镇头庄村开展教育扶贫活动。支教团精心备课，科学设置内容丰富多彩、兼顾德智体美劳全面发展的课程，给当地孩子们带来了一段不一样的暑假时光,受到了经济薄弱村孩子们的广泛欢迎,达到了预期效果。灌南支教活动自2015年起已经开展了5次。支教活动以"青春心向党,建功新时代,关爱留守儿童"为主题,致力于为灌南农村地区留守儿童贡献自己的微薄之力,在给孩子们传授知识和教导孩子们做人做事道理的同时,带给他们温暖和欢乐。

【苏州健雄职业技术学院】开展各类培训,提高社会服务综合效能

学院充分利用学校丰富的教学资源和良好的硬件设施,围绕太仓"以港强市、对德合作"发展战略,突出学校特色专业,契合区域经济对不同专业技术人才的需求,坚持"开拓创新,转型发展,立足太仓,服务社会"的办学方针,通过面授、在线及混合式教学等多种方式,面向机关事业单位党政管理人员、中小企业经营管理人员、行业企业专业技术人员和农业农村农民,大力开展非学历继续教育培训。年均开展各类培训逾6 000人次,开设培训班40多班次,年均培训40 000人日以上。结合太仓德企聚集和太仓港口优势,非学历继续教育在精密机械、港口物流等项目中引入"双元制"培训模式,依托学校中德培训中心和口岸物流实训基地资源,引入德国培训标准,强化实践技能提升,为太仓德企和港区培养了大批高技能专业技术工人。

【硅湖职业技术学院】立足花桥,服务昆山,面向苏州,辐射上海

学院始终坚持"立足花桥,服务昆山,面向苏州,辐射上海"的办学定位,充分利用自身教育教学资源,继续稳步推进学历教育,发展非学历教育,积极开展合作办学,全面提高人才培养质量和社会服务能力,为区域经济发展培养合格人才。学院设有硅湖职业技术学院国家职业技能鉴定所、机械行业技能鉴定院校昆山点、电商数据人才培训鉴定中心苏州分中心等12个职业技能鉴定机构。与苏州川日精密机械有限公司、苏州道慧文化传媒有限公司、昆山国显光电有限公司、上海壹佰米网络科技有限公司(叮咚买菜)、昆山康龙电子科技有限公司等企业建立了员工岗位技能及企业文化培训合作关系,累计培训员工179人。

【昆山登云科技职业学院】政校企合作,开展职业技能培训,服务地方经济

2019年9月,学院登云培训中心联合昆山高新区非公党委成功开展电工和钳工职业技能培训,来自昆山本地企业共计150人参加了此次培训。"职业技能培训是全面提升劳动者就业创业能力、缓解技能人才短缺的结构性矛盾、提高就业质量的根本举措"——《国务院关于推行终身职业技能培训制度的意见(国发〔2018〕11号)》,职业院校不但有培养高素质技能型人才的使命,更有服务当地社会的责任,"促产业升级,育技能人才"是学院的一贯宗旨。

【苏州幼儿师范高等专科学校】"书香小宝贝"——苏州市早期阅读推进"个十百千万"计划

苏州市早期阅读推进"个十百千万"计划,以成人达己为目标,依托苏州幼专"故事姐姐"团队,面向苏州的3~6岁幼儿及其家长,开展主题绘本讲述及相关延伸活动,激发幼儿阅读兴趣,提升幼儿的语言和阅读水平;兼顾经济困难家庭幼儿早期阅读需求,促进社会公平和谐发展。在长达15年的实践基础上,依托创新创业训练项目和教师课题,强化与苏州图书馆等单位合作,共建10多个服务基地,走进100多个社区,直接服务1 000多户(经济困难)家庭,实现年均直接服务10 000余名幼儿及其父母的目标,助力和谐美丽苏州建设。

【苏州幼儿师范高等专科学校】2019年苏州市民办幼儿园新教师"双基"培训

2019年,为帮助幼儿园新教师树立正确的教育观和儿童观,掌握科学的幼儿教育理念,增强职业道德和法律意识,根据苏州市教育局下达的相关文件,学校培训处组织了苏州市民办幼儿园新教师"双基"培训。培训邀请了泰州市姜堰第二实验幼儿园园长、江苏省特级教师黄翠萍,江苏省特级教师、苏州相城区幼教科长张慧珍,盐城师范学院教授、博士乔晖，南京市第二幼儿园园长陈学群，苏州教育局基教处陈萍等做主要讲学。培训进一步提升了江苏省幼儿园管理水平，推进了江苏省示范幼儿园师资队伍建设，提高了保教质量。

三、服务企业

2019 年，苏州全市高职高专院校毕业生到中小微企业等基层服务比例达 63.39%，与 2018 年基本持平；到 500 强企业就业比例为 9.74%，较 2018 年下降了 0.72 个百分点；到西部地区和东北地区就业比例为 2.61%，较 2018 年提高了 0.11 个百分点，见表 5-4。

表 5-4　2018 年和 2019 年苏州全市高职高专院校毕业生就业去向

服务企业	2018 年	2019 年	增量
A 类：留在当地就业人数/人	19 563	20 015	452
本地市就业率/%	64.7	64.55	-0.15
B 类：到西部地区和东北地区就业人数/人	758	808	50
到西部地区和东北地区就业比例/%	2.50	2.61	0.11
C 类：到中小微企业等基层服务人数/人	19 243	19 656	413
到中小微企业等基层服务比例/%	63.64	63.39	-0.25
D 类：到 500 强企业就业人数/人	3 163	3 019	-144
到 500 强企业就业比例/%	10.46	9.74	-0.72

2019 年，苏州全市高职院校的横向项目研发到账经费 2.15 余亿元，校均 1 267.37 余万元，较 2018 年增长了 67.9%；横向技术服务产生的经济效益达 3.46 余亿元，较 2018 年增长了 14.5%；纵向科研经费到账 4 897 余万元，校均 288 余万元，较 2018 年增长了 6.4%；技术交易到账总额 6 237 余万元，校均 366 余万元，较 2018 年增长了 221%；非学历培训到账经费 7 976 余万元，校均 469 余万元，较 2018 年增长了 39%，见表 5-5。

表 5-5 2018 年和 2019 年苏州全市高职院校企业服务到账经费情况

单位：万元

经费到账	2018 年	2019 年	增量
横向技术服务到款额	12 832.34	21 545.37	8 713.03
横向技术服务产生的经济效益	30 225.80	34 612.89	4 387.09
纵向科研经费到款额	4 602.46	4 897.71	295.25
技术交易到款额	1 937.76	6 237.56	4 299.80
非学历培训到款额	5 735.59	7 976.52	2 240.93

【苏州经贸职业技术学院】校企共建数码印花工程技术研究中心，服务地方产业

学院纺织服装与艺术传媒学院周燕教授联合苏州奥特普丝绸服饰设计有限公司、吴江凌通纺织整理有限公司，借助学院产教园平台，共建苏州市数码印花工程技术研究中心。该中心基于"互联网+"纺织行业转型升级的产业背景，以面向产业需求为服务定位，充分发挥其研发设计实力和营销能力，积极开展高端智能化纺织产品的研发。中心带领学院教师、学生团队为多家企事业单位设计、定制的丝巾与旗袍等产品深受客户好评，团队带领学生创业的事迹被《新华日报》《吴江日报》等多家媒体报道。该工程技术中心的一系列设计研发，为合作企业增加净利润 30%以上。

【苏州经贸职业技术学院】实施中-孟"1+1+1"人才培养，助力企业"一带一路"倡议

学院主动服务国家"一带一路"倡议，扩大与沿线国家在职业教育领域的合作。2019 年，学院与永鼎集团签订了订单式人才培养战略协议，实施中-孟"1+1+1"永鼎集团技术人才联合培养项目，计划培养机电一体化专业技术技能人才 300 人。该项目采取全英语教学、现代学徒制"三主体"育人、学生"三身份"并存及"1+1+1 三段式"培养方式，即永鼎集团新员工首先在孟加拉国工程技术大学完成 1 年的基本素养训练及专业基础知识学习，然后作为留学生到苏州经贸职业技术学院完成为期 1 年的专业知识学习及基础专业技能训练，最后在企业进行为期 1 年的岗位实践锻炼。该项目创新了国际化合作办学模式，是服务"走出去"企业员工本土化培养的有益探索和实践。

【苏州市职业大学】光伏电源科研成果获江苏省科学技术二等奖，助力产业技术革新，产生直接经济效益超5 000万元

学校科研成果《中小功率光伏逆变电源系统关键技术及应用》获2018年江苏省科学技术二等奖。该成果实现了光伏逆变电源电路的自主可控，大幅提高了逆变产品的可靠性和品质。该成果由校企合作企业实现了产业化应用，在光伏精准扶贫、分布式光伏电站等领域获得了广泛的应用和推广，近年来实现直接经济效益超5 000万元，并获得了"中国产学研合作创新成果奖"等科技奖励。中央电视台等媒体对该应用成果进行了报道，该成果获得了业界好评和高度认可。近年来，苏州市职业大学科技工作以"订政策、强服务、建团队、创平台、推项目、促转化"为目标，坚持科技创新和体制机制创新双轮驱动发展战略，科技创新突出人才持续涌现，形成了一批具有专业核心竞争力的科研平台和创新团队。

【苏州工业职业技术学院】创建结构化教师创新团队，服务中小微企业快速发展

学院围绕地方产业发展需求，跨专业组建集人才培养、技术服务于一体的结构化教师创新团队。该团队通过深化教师、教材、教法、教室、教风学风的"五教合一"改革，重构项目全流程的"模块+X融合"课程体系及课程标准与资源，探索工业机器人技术专业团队建设模式，制定专业教学与教师发展标准。该团队开展的"五教合一"的教学实践获国家教学成果一等奖；团队成员主持国家重点研发计划专项，与企业共建全国第一个3C领域国家示范智能制造项目（车间）；团队依托全国机械行业机器人与智能制造创新中心，2017—2019年为企业解决技术难题、承担设备改造与升级项目132项，获直接研发经费3 283万元，产生间接经济效益超亿元。2019年，该团队获"首批国家级职业教育教师教学创新团队"称号。

四、服务产业

随着区域产业供给侧结构调整和智能制造等新产业的崛起，苏州全市高职院校加大了专业调整力度，对专业进行了新增和撤销等结构优化改革。2019年，新增专业55个，停招专业33个，撤销专业10个，表5-6是2017—2019年苏州全市高职院校专业服务产业动态调整情况。

表 5-6 2017—2019 年苏州全市高职院校专业服务产业动态调整情况

单位：个

专业动态调整	2017 年	2018 年	2019 年
新增专业	77	66	55
停招专业	43	33	33
撤销专业	20	12	10

2019 年，苏州全市 17 所高职院校在校生中，就读于一产所属的专业学生总数比例为 2.25%，与 2018 年基本持平（2.21%）；二产所属的专业学生总数比例为 23.43%，较 2018 年减少了 0.47 个百分点；三产所属的专业学生总数比例较高，达 74.33%，较 2018 年增加了 0.43 个百分点。表 5-7 是 2018 年和 2019 年苏州全市高职院校在校生就读专业所属产业情况。

表 5-7 2018 年和 2019 年苏州全市高职院校在校生就读专业所属产业情况

单位：人

产业规模	2018 年	2019 年	增量
一产规模	2 193	2 326	133
二产规模	23 726	24 269	543
三产规模	73 377	76 990	3 613

2019 年，苏州全市 17 所高职院校应届毕业生总数 3.2 万余人（当年 9 月 1 日统计约为 3.25 万人，当年 12 月 31 日统计约为 3.27 万人），分布于 508 个专业方向，其中，一、二、三产分别占 2.17%、26.57%、71.26%。就业人数规模一、二、三产分别占 2.27%、23.52%、74.21%。表 5-8 是 2019 年苏州全市高职院校应届毕业生就业产业。

表5-8 2019年苏州全市高职院校应届毕业生就业产业情况

就业指标	一产	二产	三产	2019年9月1日小计	2019年12月31日小计
专业方向数/个	11	135	362	508	508
毕业生数/人	740	7 657	24 156	32 553	32 779
就业数/人	712	7 129	22 242	30 083	31 013
本地就业数/人	98	3 006	9 439	12 543	20 015
本地就业率/%	13.76	42.17	42.44	41.69	64.54
对口就业数/人	435	4 801	15 281	20 517	—
对口就业率/%	61.10	67.34	68.70	68.20	—
起薪/元	3 337.78	3 519.54	36 75.40	3 630.47	4 142.85

【苏州农业职业技术学院】服务地方现代农业发展，培养高素质新型职业农民

在苏南城乡一体化的背景下，学院坚持服务地方现代农业发展，致力于培养高素质农民。一是开设青年学生定向培养班，实现定向招生、订制课程、定岗培养、定向就业，为苏州培养了453名"下得去、留得住、用得上"的农业人才；二是在提升江苏省内农民培训质量之余积极为外省农民进行培训，在培训中坚持干什么、学什么、缺什么、补什么，分类别、分产业开展培训，重点提升学员的创新创业能力；三是在培训提质增效过程中，针对不同类型培养对象的特点及其对职业生涯、产业发展、技术提升的需求，分类制订培养方案，教学内容基于生产过程，从根本上满足农民生产需要。鉴于在职业农民培训方面所取得的优异成绩，学院受邀在第二届全国农民教育培训发展论坛上做主题报告和经验交流。

【苏州卫生职业技术学院】弘扬吴地中药文化，服务区域发展

学院所属的苏州中药科普馆是集教学、科研、服务于一体的多功能传统中药文化馆。该馆既是苏州市科协的科普建设项目，也是江苏省科普教育基地、江苏省爱国卫生教育基地。中药科普馆被推荐为"国家健康促进与教育优秀实践基地"创建单位，馆内栽种大量具有浓厚地方特色的药用植物，馆藏近千种中药标本，为学生日常专业学习和实训需求提供基本条件与教学保障。中药科普馆还组织当地居民、中小学生参观展览，为市民提供中药饮片的用药指导和真假鉴别咨询，不定期走出校园，开展以中药科普知识为主题的宣讲活动，带领中小学生和广大市民了解中药知识、制作中药香囊、品尝中药药膳，为推进科普工作、弘扬吴地中药文化，在实现"专业服务区域发展"工作中发挥积极作用。

【苏州市职业大学】建设丝绸协同创新平台，服务丝绸行业转型升级

学校以丝绸研究所为基础，整合工业分析、数学、电子、计算机等专业师资力量，组建学科交叉丝绸创新团队平台。该平台共授权发明专利14项，与企业合作开发新产品项目14项。例如，与苏州吴绫丝绸精品有限公司合作"分形艺术在丝绸服饰的研发应用"项目；为浙江蚕缘真丝家纺有限公司开发"负离子功能蚕丝被新产品"项目；为苏州绣艳天下刺绣工艺有限公司开发"抑菌丝绸制品""防毛刺绣系列产品"项目；为英泰时尚服饰（苏州）有限公司开发"药用型植物染英奈尔绢围巾"项目；为苏州太湖雪丝绸股份有限公司开发"防踢被智能蚕丝被"项目。平台始终脚踏实地为丝绸行业的转型升级提供助力，2016年获苏州市经信委"苏州市丝绸功能技术试验及检测公共服务平台"称号，2017年获苏州市教育局"苏州高职高专院校优秀科技创新服务团队"称号，2018年获中国纺织品商业协会"中国纺织品商业协会丝绸产品技术创新与应用公共服务平台"称号。

【苏州信息职业技术学院】政校行企搭建培训平台，共育信息安全管理优秀人才

学院在地方政府的大力支持下，由江苏省计算机学会指导，与吴江区委网信办、公安局、工信局等单位共同在校内建立"吴江网络信息安全应用人才培养基地"，与江苏天创、江苏通付盾、亨通信安、神州云科等企业共建苏信网络安全学院，并开展信息网络安全、移动应用安全、工业控制安全等培训项目。基地累计为政府企事业单位输送信安人才近百人，并在全国职业院校技能大赛信息安全管理与评估赛项中获得全国一等奖，连续3年获江苏省职业院校信息安全管理与

五、提升竞争力

2019 年，苏州全市 17 所高职院校实际报到新生 36 985 人，实际报到比例 92.8%，其中苏州本地区报到 7 041 人，占比 19.04%，较 2018 学年增长了 740 余人和 0.8 个百分点。这也表明苏州高职院校越来越得到本地区学生和家长的认可，相对于 2018 年，本地学生和家长的认可度以 10%的年速率增长。表 5-9 是 2018 年和 2019 年苏州全市高职院校新生报到情况，表 5-10 是 2018 和 2019 年苏州全市高职新生报到产业相关情况。

表 5-9　2018 年和 2019 年苏州全市高职院校新生报到情况

新生报到指标	2018 年	2019 年
实际报到人数/人	34 479	36 985
实际报到比例/%	93.16	92.80
本地市报到人数/人	6 294	7 041
本地市报到比例/%	18.25	19.04
本省市报到人数/人	25 944	27 053
本省市报到比例/%	75.25	73.15

表 5-10　2018 年和 2019 年苏州全市高职新生报到产业相关情况

产业	2018 年		2019 年	
	报到数/人	报到率/%	报到数/人	报到率/%
一产	616	93.45	790	93.82
二产	8 157	92.22	8 776	90.49
三产	25 706	93.90	27 419	93.53
合计	34 479	93.16	36 985	92.80

【苏州市职业大学】"石湖智库"打造高端学术沙龙，为苏州城市建设、文化传承提供智力支持

为贯彻落实苏州市委、市政府《关于加强苏州新型智库建设的实施意见》要求，学校成立了在苏高职院校的第一所智库——"石湖智库"。该智库定期举办"智汇苏州"系列学术沙龙，作为智库的高端学术活动品牌，为苏州城市建设、文化传承提供智力支持。

该智库聘请校内外特约研究员，对接苏州市委、市政府研究室、苏州市社科联等，为苏州市委、市政府建言献策，并提供决策咨询参考。一年来，智库特约研究员分别在苏州市委、市政府、市政协、市社科联、市委党校等内参刊物上先后刊发了14篇建议建言文章，其中有4篇得到市委、市政府、市政协主要领导批示。

【沙洲职业工学院】政产学研融合，连年承办专项赛事，助力企业人才需求

由苏州市教育局主办，苏州产教联盟联席会议与学院联合承办，昆山奇迹三维科技有限公司协办的专项赛事——"奇迹杯"苏州市高职高专数字建模及3D打印大赛，迄今已在学院举办4届，满足政产学研融合需求，以赛促学，助力企业技术上、人才上的需求。学院与从事3D打印设备开发的中小型公司奇迹三维科技有限公司紧密合作，结合企业转型升级需求开展技术研发、新设备开发，无偿为企业提供技术服务。同时企业也为学院教师提供研发平台及深度融入企业的机会。校企成功申报张家港市预研基金项目，获得政府部门的资金支持。

【苏州健雄职业技术学院】承担苏州市地方标准项目《双元制职业教育人才培养指南》编写任务

　　学院与苏州艾倍思国际技术转移有限公司共同起草的《双元制职业教育人才培养指南》，经苏州市市场监督管理局前期材料审核及立项评估，被推荐为苏州市地方标准项目。该项目共有范围设定、术语和定义、培养目标、培养主体、师资团队、课程设置、教学组织与管理、培养能力评价等8个部分。苏州健雄职业技术学院双元制示范基地自成立以来，专设机构，潜心研究，在校企双元育人的过程中向国内职业院校提供了大量专业建设的技术支持，发挥了引领作用。在新形势下，学校致力于推动新一轮职业教育改革，形成产教融合、双元育人的重要建设成果，为双元制本土化注入了核心能力。"标准"的编写是一项新的探索和尝试工作，学院将进一步发挥示范、推广作用。

【苏州工业园区职业技术学院】对接区域特色行业，服务区域经济发展

　　学院在"博世班""同程班"成功经验的基础上，深入开展与苏州市轨道交通集团有限公司共同开发的"轨交定向班"项目，校企双方不仅在专业建设、师资配备等方面展开了更为密切的合作，还策划了"企业文化教育进入校园"系列活动，为学生创设了良好的企业文化教育环境，引导学生在充分认识企业社会价值的过程中，提升对企业的认同感和归属感，有效提升了校企人才输出方面的合作成效。"轨交定向班"项目自开办以来，深受学生和家长欢迎，截至2019年年底，已有三届3个专业共计313名学生参与该项目。

六、对口帮扶

（一）东西协作

在《职业教育东西协作行动计划（2016—2020年）》中，苏州市2所高职院校（苏州工业园区职业技术学院和苏州工艺美术职业技术学院）对口陕西、青海、新疆、西藏和滇西等省份或地区申报了7个项目，占整个江苏省帮扶项目总数的11.5%，详见表5-11。

表5-11　苏州等五市东西协作对口帮扶情况

单位：个

地区	项目数	院校数
南京市	17	4
苏州市	7	2
无锡市	4	1
常州市	8	2
南通市	8	2

【苏州农业职业技术学院】统筹"扶贫+扶智",帮扶西部现代农业发展

学院作为全国首批新型职业农民培育示范基地,充分利用涉农专业优势,成功与贵州、陕西、广西等西部省份对接,开展品牌专业建设、农技人员能力提升、高素质领军人才等一系列培训班,共培训新型职业农民及基层农技人员446人。在贵州省铜仁市对口科技帮扶工作中,学院派出3批8名专家,结合当地生态茶、中药材、果蔬菌等主导产业,推进"梵净山珍,健康养生"公共品牌建设和标准化农产品生产基地建设,培育和壮大农业龙头企业,开拓发展创新型农业,帮助铜仁市走出一条具有当地特色的现代山地高效农业发展新路,形成了"转型加快、质量提升、效益提高、民生改善"的良好态势。

(二)贵州帮扶

在《职业教育东西协作行动计划(2016—2020年)》中,苏州市3所高职院校对口贵州,也申报了7个项目,占苏州市对口帮扶项目总数的31.8%,详见表5-12。

表5-12 苏州市对口帮扶贵州项目一览

单位:个

院校类别	项目数	院校数
中职	15	4
高职	7	3

【沙洲职业工学院】筑梦山区少年,沙工学子志愿行

学院团委成立"青春志愿行——沙工学子到官舟"志愿服务总队,继续开展暑期赴贵州省铜仁市沿河土家族自治县支教服务活动。学院通过10天的实践活动,将"电子科普"带进山区小学生课堂,融合包括食品安全、网络安全、交通安全在内的安全教育内容,让山区小学生建立起基本的自我安全网。经申报评选,"筑梦少年,陪伴成长""电子科普进山区,安全教育我先行"2个实践项目被评定为2019年江苏省大中专学生志愿者暑期文化科技卫生"三下乡"社会实践活动省级重点团队省级重点项目。

【沙洲职业工学院】教育帮扶项目落地两载，助沿河籍学子成长成才

学院自 2018 年启动对口贵州省沿河土家族自治县教育帮扶项目以来，已先后 10 次赴沿河宣讲落实政府帮扶项目，接待加强合作任务落实 14 批，目前已招收 500 多名沿河籍学子。学院开展提优补差专项活动，开设英语强化班、"职业训练营"，免费开放机房等，全方位做好教育服务工作；关注学生生活需求，在食堂菜肴、宿舍服务、文化活动等方面提供便利；开展"一路向黔"暑期社会实践，加深两地学子间的交流。多举措为沿河学子提供成长之路，为港城企业储备技能人才。2019 年，4 名沿河籍学生在江苏省高等职业院校技能大竞赛"电子商务技能"赛项中荣获三等奖。

第六部分 问题与展望

1.人才培养模式和评价体系有待进一步创新。建议聚焦《国家职业教育改革实施方案》，贯彻落实高职扩招100万任务；实施好"中国特色高水平高职学校和专业建设计划"，完善"文化素质+职业技能"评价方式；加快"1+X证书"制度试点，培育一批优质培训评价组织，做好"X证书"的实施、管理、监督和考核。

2.师资队伍建设有待进一步加强。专业带头人（负责人）和青年骨干教师培养机制有待进一步优化。专任师资双师素质有待进一步提升。建议在人才引进、人事聘任、职称评审、评聘分离等方面进一步扩大院校自主权。

3.产教融合办学理念有待进一步提升。现代学徒制试点项目体制机制有待进一步优化，区域经济发展环境与产教融合度有待进一步深化。建议加大力度实施"企业-学院""职教集团"中的现代学徒制试点办法。

4.质量保证体系建设有待进一步加强。质量年报的合规性，状态平台填报数据的真实性、正确性和合理性有待进一步引起领导重视。建议建立专业预警发布机制，深入推进职业院校教学工作诊断与改进制度建设，完善职业院校质量年报制度，实施办学绩效与地方财政投入评价机制等。

后记

高职教育率先落实《国家中长期教育改革和发展规划纲要（2010—2020年）》关于"建立高等学校质量年度报告发布制度"的要求，国家、省、学校三级质量年度报告已经连续发布8年。2014年以来，苏州市教育局以苏州全市高等职业院校为单位，对本市17所高职院校质量报告及人才培养数据进行汇总、整合、分析、研究，形成每一年度的《苏州市高等职业教育质量年度报告》，这在全省乃至全国都是独家创举。其目的：（1）展示苏州高职院校现状及改革发展情况，反映高职教育对地方经济社会发展和行业企业的贡献度。主要以苏州全市17所高等职业院校为对象，用数据说话，采用多个数据来 源，直陈事实。（2）反映苏州市委、市政府和市教育局对高职教育人才培养质量的关注。通过对区域内高职院校数据的汇总分析，寻求对高职教育改革发展科学决策的依据。（3）反映高职院校教育服务对国家和地区经济发展与产业转型升级的贡献情况，反映本地落实国家高职教育改革发展政策情况。（4）展示本地高职教育改革发展年度成效，记录苏州高等职业教育在"十三五"期间的改革和发展成果，以期成为社会各界了解苏州高等职业教育的一个窗口，帮助社会发现职业教育在经济社会中不可替代的价值与作用。

2019年12月，《苏州市高等职业教育质量年度报告（2019）》图书编委会开始了启动工作（高职院校人才培养工作状态数据采集最终稿开始上报国家数据平台）。经历了数据收集、数据处理、数据分析、文本处理、初稿送审、终稿修改、定稿送出版社7个环节，在编委会全体成员的努力下，《苏州市高等职业教育质量年度报告（2019）》终于付梓了。

本书的编写得到了苏州市教育局、苏州市高职高专联席会议成员单位和苏州全市高职院校的大力支持与积极配合，也得到了苏益南、李振陆、范卫东、王洪法、王应海等一批专家学者的倾情指导。在此，我们向为本书编写付出辛勤劳动和给予关心支持的各界人士表示衷心的感谢。

鉴于编写人员的视角限制，本书难免存在疏漏与不足，恳请批评指正。

编委会
2020 年 6 月